全人教育日语写作技巧与实践

QUANREN JIAOYU RIYU XIEZUO
JIQIAO YU SHIJIAN

曹春玲　著
神田英敬　审订

图书在版编目（CIP）数据

全人教育日语写作技巧与实践 / 曹春玲著. -- 武汉:华中科技大学出版社, 2021.6（2025.3重印）
ISBN 978-7-5680-7090-4

Ⅰ. ①全… Ⅱ. ①曹… Ⅲ. ①日语－写作－高等学校－教学参考资料 Ⅳ. ①H365

中国版本图书馆 CIP 数据核字(2021)第 097085 号

全人教育日语写作技巧与实践
Quanren Jiaoyu Riyu Xiezuo Jiqiao yu Shijian

曹春玲　著

策划编辑：	刘　平
责任编辑：	刘　平
封面设计：	原色设计
责任校对：	张汇娟
责任监印：	周治超
出版发行：	华中科技大学出版社(中国·武汉)　　电话：(027)81321913
	武汉市东湖新技术开发区华工科技园　邮编：430223
录　　排：	华中科技大学惠友文印中心
印　　刷：	广东虎彩云印刷有限公司
开　　本：	787 mm×1092 mm　1/16
印　　张：	9
字　　数：	198 千字
版　　次：	2025 年 3 月第 1 版第 3 次印刷
定　　价：	36.00 元

本书若有印装质量问题，请向出版社营销中心调换
全国免费服务热线：400-6679-118　竭诚为您服务
版权所有　侵权必究

前　言

概述

　　《全人教育日语写作技巧与实践》从构思、写作到完成，前后经历了十个春秋。新想法源于2017年冬天参加的海南岛第一届跨文化交流国际学术研讨会，当时聆听了某教授引领的研发团队《关于全人教育与教学改革》的学术汇报，深受启发。之后我在原书稿的基础上大刀阔斧地修改，添加了新的学习元素与学习理念，增加了新的教学理念与教学方法。新书稿已在3届大学日语专业学生作文课中实际使用，反馈显示教学效果良好，学生尤其喜爱课堂实践与巩固学习活动等互动环节。

　　本书最大的特点是突破日语作文传统讲授法，不将字词句和文法作为重点去耗费宝贵的课堂时间，而是采用直接教授法与混合教授法，让学生直接阅读目标语范文，直接理解范文，把握范文的语句、文法、文风以及词汇的使用方法和写作构思、写作技巧等，培养学生的逻辑思维能力。学生举一反三，通过一段时间的训练，即能在构思出作文提纲后直接提笔写作。学生的学习与实践体现为如下四个环节（如下图）。

　　输入信息　　理解信息　　运用信息　　输出信息

　　我感恩海南师范大学这十几年的一线教学实践，本书的内容即来源于教学现场的灵感、总结，以及学生求知的欲望。如何构思本书，我着实下了一番苦功夫，断断续续历经10年之久，其间查阅了日本大量关于作文理念和指导方法的资料，再根据我国高校教学改革要求进行调整，并且添加了具有时代特色的知识和信息，进一步拓展了本书的深度和宽度。

　　我于2007年秋以人才引进回国，任教于海南师范大学，教授日语专业大学二年级日语写作课程。就当时的情况而言，日语写作的教学方法相对死板，好教材不多，教学内容过于理论化。我自己曾构思过多个教学文本，也试着在课堂上使用，但是总感觉理论多于实践，教学效果不尽如人意。

　　在教学处于瓶颈的时候，我想起自己在日本留学时学习日语的情景。那是20世纪90年代后期，我在日本广岛大学留学生国际交流中心开始零起步学习日语。我们班的留学生来自全球20多个国家，大家日语水平参差不齐，所以没有固定的写作教材。每次上课，教授根据大家的日语水平，先发一篇范文，要求阅读、理解、摘抄，然后他讲解、说明、点拨，之后，大家再模仿范文构思提纲，使用范文中学过的词汇与文法模仿写作。这一系列教学活动在90分钟内完成，而且学生还要在下课时提交自己的作品。这是多么丰富而紧张的一堂作文课！之后，教授对大家提交的作文进行修改，针

对突出问题在课上集中说明。这位教授善于师生互动，既丰富了课堂，又因材施教。这是我留学时期比较怀念的课目之一，也大大激发了我写作的积极性。从那时起，我开始大量阅读、摘抄，在图书馆的时间也越来越长。随着阅读量增加，词汇量增大，能够熟练运用的句式也多起来，给写作带来了很大的帮助。写得好的作文在课堂上还得过教授的表扬，这就更坚定了我提高写作能力的信心。现在虽然教授的名字已记不得了，但是他的教学方法和个人魅力我始终铭刻在心。

本书构成

本书共有7章（包括序章），实践与练笔实操部分主要集中在第4章。除序章外，其他6章的内容均是日语文本，作者对其中比较难理解的语句和文本添加了注解和汉语译文。

序章：关于全人教育。由四个主题构成，分别是"什么是全人教育""小原国芳先生的全人教育论""'全人教育'的教学理念""作为大学生……"。

第1章：原稿用紙の使い方の再確認/稿纸使用方法的再确认。

第2章：日本語の文体について/日语的文体形式。

第3章：作文作成の手順/作文的写作顺序。

第4章：身近なトピックと実践/身边题材的写作与实践。包括12篇常用题材的范文，分别是《自己アピール/自我介绍与展示》《夏の思い出/夏天的回忆》《わたしの夢/我的梦想》《十年後のわたし/十年后的我》《一年の季節/一年的季节》《先生のひと言/老师的一句话》《WeChatって何？/什么是WeChat？》《新年の抱負/新年的抱负》《タタミの留学生活/榻榻米的留学生活》《私のふるさとを紹介する/介绍我的家乡》《手紙とラブレター/信和情书》《物語をかたる/讲故事》。

第5章：コメントとフィードバック/总结评价与反思。

第6章：バイリンガルの書き物と読み物/双语写作与阅读。包括5篇习作。分别是《バレンタインとチョコ/情人节和巧克力》《わたしと広島と日本人/我与广岛和日本人》《中国国民から新型コロナウイルス君への手紙/中国国民给冠状病毒的一封信》《絵本・スーホの白い馬/连环画册·苏和的小白马》《コミュニケーションとは/交流是什么？》

以上各章节的实践环节都有实践活动的具体实施内容，提示了一些学习方法和教学方法。部分日语范文添加了参考译文，同时设计了总结与反思、自我写作水平评价等，充分体现了师生互动、学生协调等教与学的互动特色。

自我评价

学习自我评价分三步（如下图），是相互关联的三部曲，课堂学习结果的评价是

达成目标的关键之一，也是教学改革应把握的重要环节。

```
           ┌─────────────────────────┐
           │ 完成作为输入提供的语言信息量 │
           └─────────────────────────┘
┌──────────────────────┐  ┌──────────────────────────┐
│ 完成教学任务练习与教学活动 │  │ 评价检讨反思提升完成作文考试 │
└──────────────────────┘  └──────────────────────────┘
```

达成目标

达成目标也分三步：一是直接阅读和理解范文内容；二是全面把握范文中的词汇与句法的使用方法，以及写作构思方法和写作技巧；三是灵活构思、模仿实践、练笔实操和再创作。

学习目标达成的具体实施方案：

| 直奔目标 | 围绕目标 | 紧扣目标 | 强化目标 | 拓展目标 |

①直奔目标，激发思考。首先把学生的思维带入特定的学习环境，其次明确学习目标，教会学生积极思考。

②围绕目标，环环相扣。把握学习内容的信息量，带领学生体会信息感知、接受、整合以及输出的认知规律。

③紧扣目标，师生互动。师生互动是在教师的引导与点拨下与学生合作完成课堂教学任务，目的是调动学生的潜能和思维。师生互动不仅能扩大课堂学习的深度与广度，还能活跃课堂气氛。

④强化目标，科学实践。教学活动不仅要让学生掌握基础知识与基本技能，还要激发学生的学习兴趣与积极性，培养学生良好的学习习惯。科学练习是达成目标的主要途径。

⑤拓展目标，总结反思。简单梳理所学的知识要点、方法、重难点，对学生的学习态度、学习习惯、存在的问题及对策做一个简要的评价。

最后，教师要推动并加深学生的学习过程，充分利用互联网，提倡课外+线上，拓展国际视野，将学生引向更高、更深的学习境界。

使用方法

| 明确目标 | 阅读理解 | 精讲点拨 | 科学练习 | 评价反思 |

本书的教学任务、学习任务与实操适用于日语中级以上水平以及日语专业大二、大三的学生或自学日语有相当水平的读者。由于学习任务较多、涉及面较宽、信息量较大，集中面对面授课至少需要32—36课时。授课中的每个学习任务都要充分体现"明确学习目标、理解阅读内容、教师精讲点拨、学生科学练习、师生评价反思"这个学

习和实操过程。

本书第 4 章的 12 篇主题范文是教学重点，可分小组进行课堂互动式教学。对于 90 分钟的课堂，45 分钟内须完成写作前的准备活动，如直接阅读范文，了解构文特色，随文理解、记忆关联词汇，突破难点，把握疑难句型及短文的真实含义等。作文教学也可扩展到口头练习，比如针对范文的内容进行 60 秒小组代表口头总结与汇报展示等。学生平时在课堂上的表现，诸如学习态度、学习技巧、作业质量、书写行款整齐与否等，都可作为课堂评价与考核的基本条件，并以 40%～50%的比例计入期末成绩。期末教学评价，学生提交 800～1000 字的命题作文，成绩比例占到 50%左右。

本书作者在编写过程中阅读了诸多相关教材，深受启发，同时引用了相关官方网站的图片和文章。武汉理工大学的外教神田英敬先生审订本书，并翻译了第 6 章中的《情人节与巧克力》，他的耐心与细致让我深感钦佩。华中科技大学出版社的刘平编辑为本书的出版付出了辛勤的劳动。海南师范大学日语专业三届学生试用了本书，他们的支持和关爱给予我巨大的信心。在此，作者一并表示真诚的感谢！

由于作者水平有限，书中难免有疏漏与错误，敬请广大读者批评指正（作者 QQ：1036269548）。

2021 年春于椰城

目 录

序章 关于全人教育 1
   0.1 什么是全人教育 3
   0.2 小原国芳先生的全人教育论 4
   0.3 "全人教育"的教学理念 7
   0.4 作为大学生…… 10
第1章 原稿用紙の使い方の再確認 15
   1.1 縦書き原稿用紙 17
   1.2 横書き原稿用紙 19
   1.3 原稿用紙の数字の書き方 21
第2章 日本語の文体について 23
   2.1 敬体と常体って何？ 25
   2.2 敬体と常体の文章の対比 25
   2.3 敬体を「常体」に書き変える演習 28
第3章 作文作成の手順 31
   3.1 作文を書く6つの手順 33
   3.2 ワークシートを完成する 36
   3.3 トピックへの学び方と考え方 37
第4章 身近なトピックと実践 39
   4.1 自己アピール 41
   4.2 夏の思い出 43
   4.3 わたしの夢 47
   4.4 一年の季節 52
   4.5 先生のひと言 54
   4.6 WeChatって何？ 60
   4.7 新年の抱負 63
   4.8 タタミの留学生活 68
   4.9 私のふるさとを紹介する 73
   4.10 手紙とラブレター 77
   4.11 物語をかたる 81

第5章　コメントとフィードバック 87
　　5.1　自分のコメント 89
　　5.2　フィードバック 90
　　5.3　作文力の評価 91
第6章　バイリンガルの書き物と読み物 93
　　6.1　バレンタインとチョコ 95
　　6.2　わたしと広島と日本人 101
　　6.3　中国国民から新型コロナウイルス君への手紙 107
　　6.4　絵本 111
　　6.5　コミュニケーションとは？ 119
付録　語彙力アップ100フレーズ 131
出典 135
参考文献 136

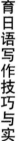

序章　关于全人教育

0.1　什么是全人教育

0.2　小原国芳先生的全人教育论

0.3　"全人教育"的教学理念

0.4　作为大学生……

0.1 什么是全人教育

全人教育（holistic education）的智慧来自古今中外的哲学家、教育家、政治家，他们的思想是全人教育的智慧之源。孔子（公元前551年——公元前479年）、孟子（约公元前372年——公元前289年）、蔡元培、陶行知、柏拉图、亚里士多德、裴斯泰洛齐、杜威、马克思、毛泽东（1893—1976）的教育思想，以及习近平总书记所提出的建设中国特色社会主义、达到小康社会和立德树人的思想和理念等，都蕴含着全人教育思想。

孔子

全人教育整合"以社会为本"与"以人为本"这两种教育观点，形成了既重视社会价值，又重视人的价值的教育新理念。这是一种理想的教育观念，也是中外教育家的理想追求。

全人教育的"全人"指完整的个人，是充分发展个人潜能以培养完整个体的教育理念与模式。

培养完整个人的全人教育为中外学者所重视。我国自孔孟以来的儒家思想即以全人发展为教育核心，以止于至善的"圣贤"为教育目标。西方知名哲学家康德（Immanuel Kant，1724—1804）认为，"教育的使命在完成人之所以为人"，也强调个人的完整发展是教育的重要任务。

20世纪初，人本主义心理学兴起，著名心理学家马斯洛（Abraham H. Maslow，1908—1970）、罗杰斯（Carl Rogers，1902—1987）等学者大力倡导全人教育以培养功能完全发挥的完整个人，美国于是在20世纪60年代形成一股"潜能开发"教育风潮。但是，现代科学采用分析方法创造了人类科技文明、民主政治与富裕经济的快乐果实，使得科学分析成为现代社会的共同语言与工具，其影响力远超过人本主义教育思潮。"分析"一词支配了整个社会体系的价值观念与意识形态，教育体系也不例外。

20世纪90年代，高度科技化下的社会偏差现象涌现，有识之士重新检视教育体系后发现，过度重视认知、技术、专业而忽视情意、人文、通识的教育过程，是造成个人人格失衡，并导致社会脱序的重要原因。有鉴于此，教育先进国家无不积极落实以完整个人为教育主体的全人教育理念。我国自全人教育教改理念提出以来，全人教育已经逐渐受到重视，教育部在1988年12月29日公布的21世纪教育愿景中也强调，各学校以达成全人教育为最终目标。

全人教育强调受教对象具有各种发展潜能，教育目标在于使个体充分并完整发展潜能。在教育原则方面，必须充分尊重受教对象的完整人格；在教育内容方面，学生的学习内容必须加以统整，兼顾认知与情意、人文与科技、专门

与通识；在教育方法方面，教师必须为学生提供充分探究身心潜能的机会，兼重思考与操作、观念与实践、分工与合作、欣赏与创作的学习过程；在教育组织方面，学校必须统整行政结构与行政运作以为示范，并提供学生与教师所需的教学材料与行政资源。

落实实施全人教育理念必须从观念、能力、组织结构等方面同时着手。首先要建立正确的共识，其次要培养必备的能力，调整教师及行政组织结构。

0.2　小原国芳先生的全人教育论

小原国芳

小原国芳先生（おばら　くによし/obara kuniyoshi，1887—1977）是日本教育家、全人教育论专家、玉川学园创始人，丹麦国王和墨西哥总统勋章获得者。他出生于日本鹿儿岛一个贫困家庭。在11岁和13岁的时候，父母先后离他而去，因此，他不得不放弃"想当老师的宏愿"，小学毕业后考入公费电信职业学校。通过刻苦自学，在工作数年后考入鹿儿岛师范学校（1905），毕业后又升入广岛高等师范学校（1909）。高师毕业后他任教于香川县[1]师范学校，2年后考入京都帝国大学攻读哲学，并于毕业后应邀出任广岛高师附小教导主任（1918）。他有幸为当时进步教育家泽柳政太郎[2]赏识，应邀出任成城学园主事（1919），并以出色的工作使得成城学园极负盛名。为了实现自己的全人教育理想，探索实践其全人教育理想，1929年他在东京郊外创建了著名的"玉川学园"，并逐步提出完整的办学指导方针——十二教育信条：

①全人教育；
②尊重个性的教育；
③自学自律（重视学生的自学和自我约束能力）；
④高效率的教育（创造良好学习环境，精选教材，改善教学方法和提高学习兴趣）；
⑤立足于学的教育（改变立足于教的指导思想）；
⑥尊重自然；
⑦师生间的温情（尊师爱生）；
⑧劳作教育（培养知行合一的坚强意志和实践能力）；
⑨对立合一（使两种对立的品质合于一身）；
⑩尽量满足他人的愿望和做人生开拓者；

---

[1]　从行政级别来讲，日本的"县"相当于中国的"省"。香川县位于日本西南四国岛的东北部，是四国岛面积最小的县。
[2]　泽柳政太郎（1865—1927），日本明治、大正时期的教育家，"实际教育学"的倡导者。

⑪学塾教育（继承日本古代学塾的传统，师生同吃、同住、同劳动、同学习、同祈祷）；

⑫国际教育。

经过不断努力创新，到1947年，小原国芳先生已把玉川学园建成一所拥有幼儿园、小学、中学、大学的完整教育机构，形成了具有特色的教育体系。

小原国芳先生在1921年日本"八大教育主张"讲演会上首次正式提出他的全人教育主张。他认为，教育的内容应包含全部人类文化，包括学问、道德、艺术、宗教、身体及生活六个方面，而真正的教育即"全人教育"，应是人在这六个方面的和谐发展。小原国芳先生一生著作颇丰，围绕全人教育论展开，形成了完整的全人教育理论体系。《全人教育论》[1]是其代表作之一。

0.2.1 价值体系论

小原国芳先生认为，价值体系问题是教育研究中的重大问题。"只有确立了价值体系问题，才能确立教育思想，正确选择各教学科目，使教育的各种作用占据应有的位置"。小原国芳先生在考察了历史上自柏拉图、康德到李克特、穆斯特贝尔等诸位大哲学家的价值体系后，提出了全人教育价值体系（见下图）。

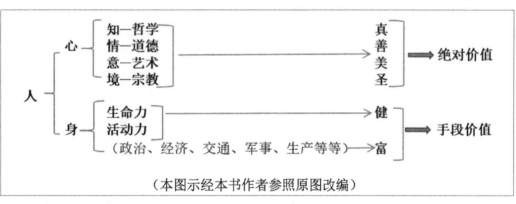

（本图示经本书作者参照原图改编）

如图所示，人有身心两个方面。身体的理想在于"健"，健的价值意义在于"尽可能持续提供足够的精神活动原动力"。另外，人还必须生活，而生活的理想在于"富"。小原先生所指的"富"含义极广，包括发明、研究、交通、政治、产业、军事、法律等。"富"的价值意义在于实现"真、善、美、圣"，而不是为"富"而富。在精神生活方面，他认为，人的知、情、意三方面分别对应的是哲学（即广泛的全部学问）、艺术、道德，而这三者所追求的理想又分别是"真、善、美"。"真、善、美"各自

---

1 小原國芳の人間観・教育観 「全人教育」とは、人格形成には、学問、芸術、道徳、宗教、健康、技術という6つの調和を発達させる必要があることを説く。人間文化にはこの六方面がある。学問の理想は真であり、道徳の理想は善であり、芸術の理想は美であり、宗教の理想は聖あり、身体の理想は健であり、生活の理想は富である。教育の理想は、すなわち、真、善、美、聖、健、富の六つの価値を創造することである。皇紀夫（2002：18）『小原國芳「全人教育論」のレトリック』臨床教育人間学。

深入下去就会进入超世界、超经验、超感觉的境界，即宗教的境界。宗教的理想在于"圣"。在这个价值体系中，真、善、美、圣、健、富6种文化价值是彼此紧密联系的，其中"真、善、美、圣"是绝对价值，"健、富"是手段价值，而"圣"对其他的文化价值起统率作用，使人的心灵最终得到"圣化"。

0.2.2 教育的理想归宿

根据上述的价值体系，小原国芳先生提出了全人教育的理想。

1）学问教育

学问教育的理想在于"真"，即真本领、真学问。小原国芳先生批评当时日本学问教育中充斥着填鸭式、死记硬背、成名发迹病、追求升学率等种种不良现象，认为这些有悖于"真"的理想。他主张真正的学问教育应启迪学生智慧，使学生热爱真理。这就要求一名真正的教师在进行教学时应注重激发学生对学问的"惊异之心"，培养学生的探索精神和创新精神。"使之掌握"的教育较之"给予"的教育更值得尊重。同时，他主张社会和家庭应形成良好的读书氛围，从而促使儿童形成读书趣味而学会主动探求知识。

2）道德教育

道德教育的理想在于"善"。道德教育的目的是使人成为开拓者和具有为人服务的精神。小原国芳先生极力反对当时日本当局将道德教育视为一种政治工具，并取消中小学道德科目的做法。他认为，道德学科应是一门中心学科，道德伦理知识对于人的道德修身起着"指南"作用，并且随着时代的需要不断向前发展；道德变迁也需要不断与之适应的道德知识，所以应该设置道德学科，通过道德教育使学生感受人格的尊贵，了解现实生活中欲望与理性的纠葛，从而树立正确的人生观，即超越喜、怒、哀、乐的人生观。在道德教育方法上，他提倡教师以自己美好善良的心灵来感化学生，使学生形成"健全的完美人格"。

3）艺术教育

艺术教育的理想在于"美"。小原国芳先生所提倡的美不是外在的美、形式上的美，而是人内在的心灵美，一种内心的"美"的感受。他认为，人在欣赏美的过程中，会使自己逐渐完美起来，所以艺术教育也是培养道德的途径。在中小学中应该通过音乐、美术、舞蹈、建筑、雕刻、手工，尤其是戏剧，来对儿童进行艺术教育。"学校剧"能综合各种艺术形式，是对儿童进行艺术教育的很好途径。阅读优秀的文艺作品对孩子的情操教育也有很大作用。在科学万能的时代，更应让孩子们经常回到大自然中，了解大自然，体验大自然的美，使儿童的心灵得到"美"的净化，从而用"美"的目光和胸怀来感受整个世界。

4）宗教教育

宗教教育的理想在于"圣"。在全人教育中，宗教教育占有极重要的地位。小原国芳先生认为，"圣"是人的最高价值，教育追求的最高境界就是宗教境界。小原国芳先生所指的宗教并非一般意义上狭隘的宗教迷信，而是人所追求的广义上的"信仰"

或"理想"的最高境界。用他自己的话说，是使"人格经验成为一种玄妙的神秘，成为伟大的人格塑造者，成为崇高的艺术，在对庄严的大自然做出全我奉献时，就是宗教生活的实现。"他认为，有人声称公立学校不能实施宗教教育，这是毫无道理的。教师应是虔诚的教徒，以宗教的"奉献精神""传道热情""虔诚信仰""殉道决心"，把神圣的爱奉献给下一代，使他们成为忠于良知的人，臻于"圣"，实现教学的宗教境界。

5）健康教育

健康教育的理想在于身体的"健"。小原国芳先生认为，进行体育教育是为全体国民的健康着想，目的在于促进身体各部分的均衡发展和灵巧性。他反对把体育变成为争夺锦旗、奖杯、纪录而进行的活动。他认为体育的基础是体操，因此，他曾远行瑞士，邀请瑞士国家体操队到玉川学园来讲学，从而推动了体操运动在玉川学园地区的普及。总之，在体育中，学生可以锻炼节制、勇敢、坚毅、忍耐等优良品质。体育是全人教育的重要组成部分，也是实现全人教育目的的重要措施之一。

6）生活教育

生活教育的理想在于"富"。小原国芳先生认为，在全人教育中，富是为了实现"真、善、美、圣"四种绝对价值的手段。他鼓励人们去追求"富"，但并不是为"富"而富，更不能为富不仁。与此同时，人们还应学会正确消费和节制，只有这样的"富"才有意义。

此外，为了实现生活教育的理想，达到真、善、美、圣、健几方面的和谐发展，必须重视"劳作教育"。小原国芳先生提出"百闻不如一见，百见不如一做"，强调劳作教育的实践意义。学生只有在实在的劳作教育中才能锻炼坚强的意志，掌握劳动技能，形成知行合一的可贵品质。劳作教育是"圣育""善育""美育""身体教育""生活教育""学问教育"的统一体。只有这样，"教育才是真正的教育""人才能成为真正的人"。

0.3 "全人教育"的教学理念

0.3.1 引发学生学习兴趣

我们的学生最缺什么？兴趣、诚实、独立自主和创新。每天都超量上课，作业成堆，只为考试，还谈什么兴趣？从早到晚，以分钟为单位控制学生的时间，这种填鸭式的教育有什么独立性？事事包办，什么都不用学生动脑、思考、做决定，哪里还有责任感生成的土壤？一旦学生失去了兴趣、独立性、责任感，培养创新人才就是奢谈！

培养学生的学习兴趣，可从以下四个方面入手。

①教师要精神饱满地教学，以自己的精神面貌感染学生。

②课堂开始的5～10分钟热身活动很重要，要尽量通过事例或实践活动引发学生的兴趣。

③集中学生的注意力，让他们没有闲工夫打瞌睡。

④使每个学生都学有所获，要注意不同层次的学生的需要，开展学生间相互协调合作。

0.3.2 促进师生间多维互动

1）师生积极互动

师生互动是增加课堂气氛常用的教学法，通常是教师发起，邀请学生与自己合作实现某一教学目的，旨在通过参与，调动学生的思维。

有效的教学互动有以下三种形式。

A. 双向型

在这种互动方式中，师生之间信息互送、互收，互相反馈。在课堂上主要表现为师问生答或生问师答等对话形式。

B. 多向型

这种互动形式与双向型互动不同的是，互动过程中除了师生之间有相互作用之外，学生之间也有相互作用和信息流通。它强调信息的多向传递反馈。在课堂上的常见形式是同桌讨论、小组合作学习、小组竞赛等。

C. 网状型

在这种互动中，学生和教师构成一张紧密联结的网，每个人都是这张网的一个结点，能够牵一点而动全网，互动的辐射范围非常广。这种互动强调师生平等参与学习活动，信息全面开放，教师不再是唯一的学习源。这种互动往往借助现代信息技术的网上互动活动。

在实际教学中，这三种互动往往交织在一起。就教学效果来说，双向互动的效果比较差，多向互动的效果比较好，但效果最好的是网状互动。"全员参与、平等信任、互尊互爱、自由沟通、情知相融、共同活动"是目前教学改革以及教学课程设置所要求的课堂互动的理想境界。

2）适当的小组合作

小组讨论后做PPT汇报，是一种横向交流，既培养了学生的独立思考能力，又培养了学生的团队精神。

3）遇到难题时再提问

讨论并不是越多越好，遇到棘手的问题再讨论，在这个过程中师生都去查资料、总结、反思，这样才有意义。

精神饱满的课堂必然是多向度的、以问题交流与探究为纽带的师生多维互动课堂。教师运用小组合作方式组织教学时，必须注意小组合作的有效性，关注问题预设与问题生成的探究价值，不能仅仅满足于表面的课堂活跃。

0.3.3 促进学生积极思维

1）积极思维才有效果

只有让学生全身心投入到学习中，思维紧跟教师，积极思考，课堂教学才有实效

性。课堂活跃应表现在思维上,要充分调动学生思维的积极性,为学生创造便于思想交流的课堂环境。

2)提倡发散思维[1]

就写作而言,文章构思的方法有多种,可引导学生逐一思考、讨论并展示,写出各具特色的文章来。

引导学生积极思维是高效课堂的本质特征,学生在课堂中不经历积极的思维过程,就谈不上思维品质和综合能力的培养。

0.3.4 全人教育的意义

著名哲学家罗素[2]曾谈到,简单而又无比强烈的三种热情主宰了他的一生:对爱的渴望、对知识的追求,以及对人类苦难的极度同情。

无论什么时候,都没有脱离人的教育,只不过育人的形式不同,或培育人,或扼杀人!无疑,只传授知识的教育,对人的成长而言是不完整的教育。因此,全人教育的教学课堂必须全面实施以"知识与技能、过程与方法、情感态度与价值观"为目标的多维教学。

罗素

谈一谈 你对全人教育的认知与思考。

---

1 发散思维(Divergent Thinking),又称辐射思维、放射思维、扩散思维或求异思维,它表现为思维视野广阔,思维呈现出多维发散状,教学中如"一题多解""一事多写"等,都是在培养学生发散思维能力。
2 罗素(Bertrand Arthur William Russell, 1872—1970),英国哲学家和数理逻辑学家。

0.4 作为大学生……

大学生として…

　　大学での勉強は、受験勉強とは目的が異なり、基礎から考える習慣と基礎から考えられる能力を養うため、専門の教科書に書かれている現象、数式や考え方を常にフォロー（跟踪）することにより、論理的思考力を身につける、文章を読んで理解する能力、レポートなどで文章作成能力を身につけて、学習する方法を学ぶことだと思います。そうすることで、将来、新しい製品の開発や新分野のことや未知の学問も会得（自分のものとすること）できることとと思います。このことを常に意識するとしないのでは、成果に大きな差が出ます。日本の教育は小学校から、みんなと同じ、①横並びの教育で、外国のように、個性や自分の意見を持つ、②オリジナリティがある人間を育てるものではありませんので、これらのことを大学時代に身につけるのも重要だと思います。

　　日本の大学では、米国のように、③リベラルアーツや本格的なチューター制度がありませんから、自身のレベルアップは学生自身の努力により獲得するしかありません。また、教養というのは形がないので説明しにくいのですが、本など読んで「教養とは何か」から始めて身につける必要があります。「教養とは何か」を調べているうち、人格の形成が重要という結論に達しました。日本の大学では教養教育が軽視されています。政治家、官僚など世の中を見ていますと、高学歴でも教養がなければ私欲に走りがちになります。米国のリベラルアーツの「将来どのような職業につくにしても人文科学、自然科学、社会科学の三分野の知識を隔たりなく幅広く修得することが大事だという前提に立っている」という考え方です。最近、自然科学の基本である物理学を履修する高校生が 20%以下のようで、教養という点で問題です。文系卒の企業の上層部の方が自然科学が中学生レベルでは問題です。工学部の機械でしたが、1、2年の時、「小説を読むことによっていろいろな人生を見ることが出来る」と何かで読んで、④夏目漱石とか、⑤芥川龍之介などの小説を⑥読みあさりました。

　　大学時代にいろいろな人間とつきあって誰とも普通に付き合える能力を磨くことも必要だと思います。国立大学の寮で大学、大学院と９年間過ごし、いろいろな先輩、同輩と後輩と付き合い、遊びも趣味も教わり、また、学科の幹事など経験し勉強になりました。特に最近は学問が学際的になり、種々の分野の研究者の知識が必要となりますので、プロジェクトを組んで研究することもあります。研究の成果を上げるためには、研究手法の他に⑦マネージメント能力も必要だと思います。これからは、学際的なところに価値のあるオリジナルなテーマが有り、チャンスもある

と感じています。普段、質問に行ったりして親しい教員を作り、人生の先輩としていろいろ相談できる人がいることも大切です。特に、卒業研究では、研究ばかりでなく、いろいろ教育してくれる指導教員を見つけることもかなり重要です。そのためには、普段からどんな先生か観察する必要があります。

ワード、パワーポイント、エクセルなどの高度な使い方が出来れば、また⑧プログラミング、説得力のあるプレゼンなど周りの学生よりも優れたパソコン技術など学生時代にやっておけば、役立つことはいっぱいあります。

また、勉強以外のことも大切ですから、遊び、趣味、アルバイトなどの時間をうまく使うことも必要です。機械等のハードやホームページなどのデザインする場合、プレゼン原稿を作る場合とか美的なセンスが必要ですから、芸術的な趣味も必要です。特に教養を身につけるには芸術を理解する必要があると言われています。大学時代は、経済的な心配をすることなく、何でも出来る可能性があり、振り返ってみると人生で一番楽しい時代です。楽しく過ごし、いろいろ身につけないと損です。

出典：http://www.nhk.or.jp/kokokoza/tv/kokuhyou/高校講座より　201708閲覧

語句の解釈

（1）**横並び**　同等対待；无差别。「横並び」とは、関係する団体・企業が、そろって同じ方策を取ること。他と同じ行動を取ること。
　　　ex. 子供たちにとっては、**横並び**の教育というのは本当に大事です。
　　　　　对于孩子们来说，横向教育真的很重要。
（2）**オリジナリティ**　独创力；创造力。
　　　ex. オリジナリティに富む作品。
　　　　　富有独创性的作品。
（3）**リベラルアーツ**　文科。通常指人文科学、社会科学、自然科学系类的科目，在美国和加拿大的大学里，是大一、大二需要学习的一般课程。
（4）**夏目漱石**（なつめそうせき）（1867—1916）は本名を金之助といい、東京で生まれました。東京大学英文科で学んでから教師となり、松山中学などで教えました。その後、ロンドンへ留学し、1907年に朝日新聞の専属作家になり、最後は病気でなくなりました。夏目漱石の代表作は、『吾輩は猫である』『坊っちゃん』『三四郎』『それから』『こゝろ』『明暗』などです。明治の文豪として日本の千円紙幣の肖像にもなり、講演録「私の個人主義」も知られています。
（5）**芥川龍之介**（あくたがわりゅうのすけ）（1892—1927）　大正期の小説家で、東京で生まれました。1916年に東京大学英文科を卒業しました。鋭い神経と強い自意識の作家で、また健康上のえもあり、強度の神経衰弱（きょうどのしんけいすいじゃく）に陥って睡眠薬（すいみんやく）で自殺（じさつ）をとげました。36歳でした。芥川龍之介の代表作は『羅生門』（らしょうもん）『地獄変』（じごくへん）『河童』（かっぱ）『歯車』（はぐるま）などです。

(6) **読みあさる**　探求式阅读；各种阅读；随便阅读；纵览。探し求めて、いろいろ読む。あれこれと探し求めて読む。また、手当たり次第に読む。

　　ex. 推理小説を**読みあさる**。

　　　　纵览推理小说。

　(7) **マネージメント**（management）　经营；管理；运作。マネージメントとは、人・物・金・時間などの使用法を最善にし、企業を維持・発展させていくこと。経営管理。また経営者。

　　ex. データベースは、各オブジェクトごとに分類され、データベース**マネージメント**システムにより管理されている。

　　　　数据库按照各个实物进行分类，通过数据库管理系统进行管理。

　(8) **プログラミング**（programming）　程序设计。プログラミングとは、コンピュータに意図した動作を行わせるために、まとまった処理手順を作成し、与えること。

　　ex. 翻訳ソフトを**プログラミング**する。

　　　　设计翻译软件。

中国語訳文

作为大学生……

　　大学的学习和为高考的学习其目的是不一样的。我认为大学的学习是为了培养学生从基础开始思考的习惯和从基础开始思考的能力。根据我们常常关注和跟踪的一些专业教科书上描写的现象、公式和思考方式等情况了解到，我们要掌握逻辑性的思考能力、阅读理解文章的能力、写报告书的能力。我觉得大学的学习应该是学会学习方法。这样的话，我想，将来我们就能够研发新产品、了解新事物以及未知的学术领域。如果我们不意识到这一点，在大学取得的成果就会有很大的差距。日本的教育模式其实都一样，从小学开始都是横向教育，并不像国外那样培养具有个性、具有自我主张、具有独创性的人，所以我认为在大学时代培养这些也是很重要的。

　　在日本的大学里，因为没有美国那样的文科和成熟的导师制，所以学生想提高自身水平只能靠自己努力。另外，所谓人文素养[1]因为没有一个培养模式，所以很难说清，但是要读一些书，有必要从了解"人文素养是什么"开始。在调查"什么是人文素养"的过程中，得出了一个人格[2]形成是很重要的结论。日本的大学忽视人文素养教育。看一下政治家、官僚等社会阶层，他们即使是高学历也没有人文素养，所以我认为他们会被私欲所驱使。美国的文科类学者认为，"将来无论从事什么样的职业，重要前提是要在人文科学、自然科学、社会科学这三个学科领域拥有

1　人文素养主要指一个人的文化素质和精神品格，其基础内容包括文化、知识、行为方式等，根据时代和民族文化理念的变迁而不同。

2　人格主要指人所具有的与他人相区别的独特而稳定的思维方式和行为风格，是带有倾向性的、比较稳定的心理特征的总和。

广泛知识"。最近,好像只有不到 20%的高中生选修物理,这是自然科学的基础,所以在人文素养上这是一个问题。对于文科毕业生而言,他们的问题是自然科学知识的储存量只是中学生的水平。我虽然是工学部机械系的大学生,但是在大一、大二的时候,阅读了一些诸如夏目漱石、芥川龙之介等作家的小说,"通过读小说可以看到千姿百态的人生景观"。

我觉得大学时代要学会与性格不同的各种人相处,不论是谁也都有必要磨炼与普通人交往的能力。在国立大学的宿舍里,我度过了 9 年大学和研究生院的生涯,在此期间我与性格各异的学长学姐、同学和学弟学妹相处,在游戏和兴趣方面都受教了,还有做学习科目干事等经验都让我受益匪浅。特别是最近,学术变得跨学科化了,需要集合各个研究领域人员的知识技能,所以有时我也会以项目形式组织研究。在大学为了取得更好的研究成果,我认为除了研究手法之外,管理经营能力也是必要的。今后,我觉得在跨学科领域的综合研究方面会有有创新价值的课题,也有机会。平时,作为学生,应经常去老师那里问一些问题什么的,与任课教师建立亲和关系,把他们作为人生的前辈。在多领域有人可商量是很重要的,特别是在毕业研究中,不仅仅只是研究,能够找到给我们多方面教育的指导教师也是非常重要的。为此,平时就有必要观察一下我们所接触的老师是什么样的老师。

在大学时代,如果我们能熟练并高水平地使用 Word、PowerPoint、Excel 等,又比周围的同学具备更好的编程(程序设计)技巧,策划过有说服力的企划案,有熟练的电脑技术等,那对今后工作肯定颇多帮助和作用。

另外,学习以外的事情也很重要,所以还必须合理安排消遣、兴趣、兼职等时间。我们在设计机械等的硬件和主页时,在制作企划案汇报发言稿时,都需要考虑美感,所以艺术爱好也是非常必要的。据说,特别是想要拥有人文素养,就必须要了解艺术。大学时代,经济上的问题不用担心,所以有潜力做任何事情。回想起来,大学时代是我人生中最快乐的时光。如果我们不去快快乐乐地度过大学生活,不去掌握各种各样的本领,那才是最大的损失。(本书作者翻译)

大学生としての私は何を構想しているのでしょうか。

第1章　原稿用紙の使い方の再確認

1.1　縦書き原稿用紙

1.2　横書き原稿用紙

1.3　原稿用紙の数字の書き方

1.1 縦書き原稿用紙

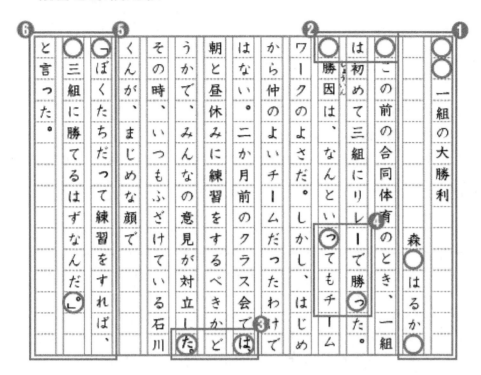

https://www.zkai.co.jp/el/course/sakubun_club/sakubun-kakikata/genkouyoushi.html より

1. 題名・名前の書き方。題名は上に2〜3マスあけて書き始める。名前は下に1〜2マスあける。姓と名の間は1マスあけるのが普通。
2. 段落の書き始め。段落の書き始めは、上を1マスあける。
3. 句読点の書き方。1マスに1つの句読点を書く。マス目の右上に書く。行の最後は字と句読点を一緒に書く。
4. 小さな「っ、や、ゅ、よ」の書き方。小さい「っ、や、ゅ、よ」は普通の文字と同じように、1マスに1文字書く。
5. 会話文の書き方。会話の書き始めは原則として行を変える。カギかっこ "「" は1つのマス目に書く。終わりの句点とかぎかっこ "」" は、1つのマス目に書く。
6. かぎかっこ「」と二重かぎ『』。「」は会話や語句を引用するとき、語句の意味を限ったり、強調したりするときに使う。『』の中で、さらに「」を使う必要があるとき、書名などを表すときに使う。

演習：縦書き原稿用紙の使い方と実践

地理についての記述

　日本の夏の気温は、日中は全国的に30度をこえる日が続くこともある。しかも、太平洋(たいへいよう)から吹く高温で湿(しめ)った東南(とうなん)の風のため、湿度(しっど)が高く、たいへんむし暑い。そのため、人々(ひとびと)に不快(ふかい)な感じをあたえることが多い。

　また、6月から7月にかけては、長雨(ながあめ)が続き、湿気(しっけ)の多い季節である。これが梅雨(つゆ)である。この梅雨の雨は稲作(いなさく)にとって欠かせない。

出典：羽田野洋子等（1995）『日本語の表現技術』古今書院 p24

語句の解釈

（1）地理的特徴　…。しかも、…。（述べたい傾向を強調する接続詞）
　　　ex. 幸子さんの会社は、町の中心地にある。しかも、あまりにぎやかではない。
　　　　　幸子的公司在市中心。而且，不怎么热闹。
（2）理由と意味　…は…に（とって）欠かせない。（AはBに必ず必要であることを強調する表現）
　　　ex. 中国人は箸を使ってご飯を食べる。箸は中国人の生活に欠かせない。
　　　　　中国人用筷子吃饭。筷子在中国人的生活中是不可或缺的。

実践

　文章「地理についての記述」を縦書きの原稿用紙に写してみましょう。

1.2 横書き原稿用紙

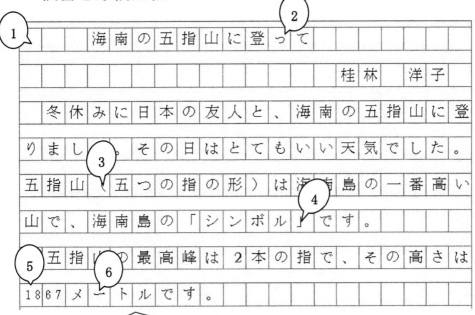

1. 題名・名前の書き方。1行目の上を3〜4字分あけて書く。
2. 小さい「っ、ゃ、ゅ、ょ」は1字分とり、マスの左下に書く。
3. かっこ（ ）は1字分とる。
4. かぎカッコ「　」は、始めと終わりの向きに注意し、1字分とる。
   二重かぎ『　』も同じやり方。
5. 数字はアラビア数字で書き1マスに2字入れる。
6. カタカナの長音「ー」は1字分とる。

演習：横書き原稿用紙の使い方と実践

分類についての記述

　私は、人間には大きく分けて二種類あると思う。それは、感覚的人間と、理性的人間である。前者は、考える前に感情を出す人間であり、後者はまず考えてから感情を出す人間である。といっても、人間はこのどちらかのタイプに完全に分けられるのではなく、どちらの傾向が強いかという問題であろう。

　なぜ、私がこの二つに分類したのかというと、それは、感覚的人間であるか、理性的人間であるかによって、人生が変わってくるからである。

　　　　　出典：羽田野洋子等（1995）『日本語の表現技術』古今書院 p35

語句の解釈

(1) 分類と内容説明　…に…ある。…とは…である。といっても、…

ex.「私」のいる文章とは、「私は…と思う」という文章であり、「私」のいない文章とは、「それは…である」という文章である。

　　　有"我"的文章是指"我……认为"的语句；没有"我"的文章指"那是……"的语句。

(2) 分類した理由　なぜ…かというと、…からである。

ex. なぜ私が文章において、そんなに「私」にこだわるのかというと、それは、私が長いあいだ新聞記者をやってきたからである。

　　　为什么我在文章中如此拘泥于"我"呢？那是因为我长期做新闻记者工作的原因。

実践

文章「分類についての記述」を横書きの原稿用紙に写してみましょう。

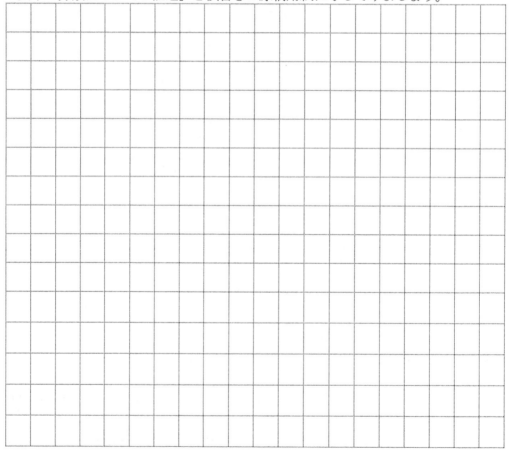

1.3 原稿用紙の数字の書き方

　数字、横書きの場合は漢数字、アラビア数字のどちらでもいいですが、アラビア数字は一マスに一字または二字書きます[1]。縦書きの場合は漢数字を用い、アラビア数字を用いてはいけません。数字の書き方は次の例を参照しましょう。

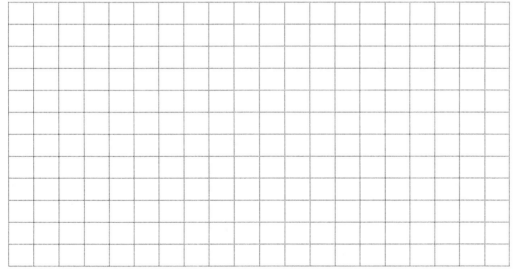

演習：数字の書き方を練習する

　自分で数詞を考えながら、その数字を原稿用紙に書いてみましょう。

1　吉田妙子編集（2011）『たのしい日本語作文教室』南開大学出版社・天津電子出版社　p4。

第2章　日本語の文体について

2.1　敬体と常体って何？

2.2　敬体と常体の文章の対比

2.3　敬体を「常体」に書き変える演習

2.1 敬体と常体って何？

　日本語の文体には「です・ます体」と「である体」と「だ体」の三種類があります。「です・ます体」を「敬体」と言います。「だ体」と「である体」を常体と言います。「である体」は主に論文やレポートを書くときに、「です・ます体」は丁寧な話し言葉で、「だ体」は普通の話し言葉でそれぞれ使われます。普通は同じ文章の中で「敬体」と「常体」を同時に使うことはありません。

「です・ます体」「である体」「だ体」の作り方

品　詞	です・ます体	である体	だ　体
名　詞	神田さんは先生です。	神田さんは先生である。	神田さんは先生だ。
形容詞	大学はすばらしいです。	大学はすばらしい。	大学はすばらしい。
形容動詞	キャンパスは静かです。	キャンパスは静かである。	キャンパスは静かだ。
動　詞	日本語を4年間学びました。	日本語を4年間学んだ。	日本語を4年間学んだ

　「である体」は、名詞と形容動詞の場合は、「…である」がつきます。形容詞と動詞とすべての否定形は「だ体」と同じになり、「である」はつきません。「…でしょう」の時は、「…であろう」になります。「だ体」では「…だろう」になります。

出典：羽田野洋子等（1995）『日本語の表現技術』古今書院 p11

2.2 敬体と常体の文章の対比

敬体の文章（緒方洪庵，1810—1863と適塾より抜粋）
　すばらしい学校でした。
　入学試験などはありません。
　どの若者も、勉強したくて、遠い地方から、はるばるとやってくるのです。
　江戸時代は身分差別の社会でした。しかし、この学校では、いっさい平等でした。侍の子もいれば町医者の子もおり、また、農民の子もいました。ここでは「学問をする」というただ一つの目的と心で結ばれていました。

常体の文章
　すばらしい学校であった。
　入学試験などはない。
　どの若者も、勉強したくて、遠い地方から、はるばるとやってくるのである。
　江戸時代は身分差別の社会であった。しかし、この学校では、いっさい平等であ

った。侍の子もいれば町医者の子もおり、また、農民の子もいた。ここでは「学問をする」というただ一つの目的と心で結ばれていた。

語句の解釈

（1）緒方洪庵（おがたこうあん、1810—1863）　江戸時代後期の武士（足守藩士）、備中（岡山県西部）の医師、蘭学者である。大坂で適塾（大阪大学の前身）を開き、人材を育てた。天然痘治療に貢献し、日本の近代医学の祖といわれる。

（2）侍（さむらい）　侍は、古代から中世にかけての日本における官人の身分呼称、あるいはそこから発展的に生じた武士の別名である。「伺候する」「従う」を意味する「さぶらう」（旧仮名遣いでは「さぶらふ」〈候ふ／侍ふ〉）に由来する。

演習：敬体を「常体」に書き変えてみましょう

　晩秋、ひときわ冷え込む夜が訪れるたびに、落葉樹の葉は鮮やかさを深めています。赤に黄色に色づく紅葉や黄葉を照り葉と呼びますが、秋の日ざしを受けて映る様は、まさに残光に燃え立つばかり。わけても私たちの胸を高鳴らせるほどみごとな色を染め出すのは、楓です。そのすさまじいまでの赤を見ると、つい私は人の晩年を重ね合わせてしまいます。いよいよ深く染まるにしたがい、葉は潤いを失って、やがて落葉するからです。輝く紅葉は草木のたましいの叫び。美しい哀しい終の絶唱のように思われて仕方ありません。『花語り、壺語り』より抜粋

語句の解釈

(1) **ひときわ** 格外；尤其。
　ex. ひときわ目立つ。
　　　　格外显眼。
　ex. 晩秋、ひときわ冷え込む夜が訪れるたびに、落葉樹の葉は鮮やかさを深めています。
　　　　晚秋，尤其每当寒冷的晚秋之夜来临时，落叶树叶就越发变得鲜艳起来。

(2) **冷え込む**（ひえこむ） 骤冷；气温骤降。
　ex. 今朝（けさ）はひどく冷え込んだ。
　　　　今天早晨特别冷／今天早晨气温骤降。

(3) **照り葉**（てりは）、草木の葉が紅葉して、美しく照り輝くこと。照り紅葉。 草木的叶子变为红叶，美丽地照耀着树叶。晒成了红叶
　ex. 赤に黄色に色づく紅葉や黄葉を照り葉と呼びます。
　　　　被红色和黄色自然着色变为红叶和黄叶的树叶称之为照叶（被晒着色的树叶）。

(4) **わけても** 尤其；特别。
　ex. 兄弟でよく遊ぶが、わけても弟と気が合います。
　　　　兄弟俩经常一起玩，尤其和弟弟很合得来。
　ex. 熱帯果物はなんでも好きですが、わけてもドラゴンフルーツが好きです。
　　　　什么热带水果我都喜欢，尤其爱吃火龙果。

(5) **高鳴らせる**「高鳴る」の使役です。（興奮）心情不平静
　ex. これから4年間続くはずのイケてる大学生活に胸を高鳴らせます。
　　　　对于今后应该继续4年很酷的大学生活，我的内心激动不已。

(6) **すさまじい**（气势、程度）惊人；猛烈；厉害。
　ex. そのすさまじいまでの赤を見ると、つい私は人の晩年を重ね合わせてしまいます。
　　　　当我看到颜色程度很厉害的那种红色时，我就不知不觉把其与人生的晚年重叠。

(7) **いよいよ** 越……越……；越发；更加。
　ex. いよいよ深く染まるにしたがい、葉は潤いを失って、やがて落葉するからです。
　　　　渐渐地树叶被染上了更深的颜色。由于树叶失去了水分应有的滋润，所以树叶不久也就变成了落叶。

中国語訳文

　　晩秋，尤其当寒冷的晚秋之夜来临时，落叶树的叶子就变得越发鲜艳起来。被红色和黄色自然着色变为红叶和黄叶的树叶虽然称之为着色枝叶，但是在秋阳映照下的样子，正如燃烧着的余辉，犹如夕阳之感。枫叶来自自然印染出的漂亮颜色，尤其让我内心激动不已。当看到颜色程度很刺眼的那种红色时，我就不知不觉把其与人生的晚年重叠起来。渐渐地，树叶被染上更深的颜色。树叶失去了水分应有的滋润，不久树叶也就变成落叶。艳丽夺目的红叶是草木灵魂的呼喊。无法想象美丽与哀愁最终绝唱的感觉。

2.3　敬体を「常体」に書き変える演習

1）毛沢東（1893—1976）

　毛沢東（もうたくとう）は、中華人民共和国の政治家・軍事戦略家・思想家。毛沢東は字が潤之で、ペンネームは子任です。農民の子として湖南省湘潭で生まれました。出身校は湖南省立第一師範学校です。代表作は『矛盾論』『実践論』『持久戦について』『沁園春』などです。毛沢東はマルクス・レーニン主義の発展、軍事理論への貢献、共産党への理論貢献は毛沢東思想と呼ばれています。毛沢東は中国共産党の創立党員の1人で、長征、日中戦争を経て党内の指導権を獲得し、1945年より中国共産党中央委員会主席および中央軍事委員会主席を務めました。日中戦争後の国共内戦では蔣介石の率いる中華民国を台湾に追放し、1949年10月1日に中国大陸に中華人民共和国を建国しました。国家主席を務めたことがあるので、「毛主席」とも呼ばれています。世界の現代史の中で最も重要な人物の一人とされ、「タイム」誌も毛沢東を20世紀で最も影響力のある100人の一人と評しました。

毛沢東

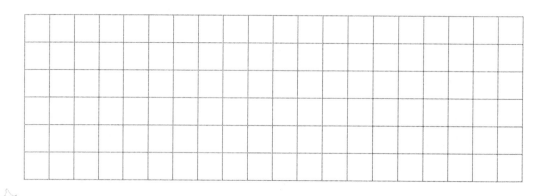

2）福沢諭吉（1835—1901）

福沢諭吉は中津藩（大分県）の身分の低い武士の子として、大阪で生まれました。諭吉は成長すると、どんなに才能が有っても、身分の低い家柄では一生出世できない日本の身分制度に怒りを感じるようになりました。そして、身分にしばられずに自由に才能を伸ばすためには西洋の学問を学ぶことが一番だと考え、長崎や、緒方洪庵の適塾で学びました。1858年に江戸へ出て、築地の藩の屋敷の中にオランダ語を教える塾を開きました。これが、慶応義塾大学の始まりです。諭吉はアメリカやヨーロッパに行き、実際に西洋の国々の様子を観察しました。そして、西洋の合理的な考え方や独立の精神を人々に教えました。当時はまだ、江戸時代の古い考え方が残っていましたが、諭吉は新しい日本を作るためには、どうしても新しい思想が必要であると考えたのです。諭吉は、たくさんの本を書いてこの考え方を世間に広めました。『学問のすすめ』という本は、「天は人の上に人をつくらず、人の下に人をつくらず」という書き出しで始まり、人間の自由と平等、個人の権利と独立について主張しています。

福沢諭吉

第2章　日本語の文体について

実践

　以上の文章を常体に書き換えてみましょう。
　それから、これらをモデル文章として、その書き方を真似しながら『歴史人物』や『科学者』『国の有名人』などを考えて書いてみましょう。

イラストの出典：https://bld.support/blog/2413/　20201205閲覧

第3章　作文作成の手順

3.1　作文を書く6つの手順

3.2　ワークシートを完成する

3.3　トピックへの学び方と考え方

3.1 作文を書く6つの手順

作文の作成とは、語種に関係のある作業だと思いますか。

実は、語種には関係なく、ものの考え方や言語の応用能力、思考や発想との関係が大きいのです。

ものの考え方とは、

第一に、目先に捉われないで、出来るだけ長い目で見ること。第一，不要捕捉眼前所看到的，尽可能用长远的目光观察事物。

第二に、物事の一面に捉われないで、出来るだけ多面的に、出来れば全面的に見ること。第二，不要局限于事物的某一个方面，尽可能多方面地、全面地看待事物。

第三に、何事でも枝葉末節に捉われず、根本的に考えること。第三，无论什么事情都不要局限于在枝节问题上，要从其根本上去考虑。

上述したのはものの考え方の三原則だと言われます[1]。この三原則をもっと縮めて、「物事は、①長期的、②多面的、③根源的に考えなくてはならない」という3つの言葉を覚えましょう。"事物必须考虑 ①长期性、②多面性、③根源性"，这三个关键词定要牢记。

作文を書くときは、次の6つの手順をマスターしましょう。
- 材料を集める
- 材料を選ぶ
- 材料をふくらませる
- 構成メモを作る
- 作文を書く
- 作文を見直す

● 材料を集める

まずは、作文の材料になりそうなことをありったけ集めましょう。「これは使えないかも……」などと思わずに、思いついたことをどんどんメモに書きとめます。

---

1 http://mhome-syatyou.jugem.jp/ 20200305 閲覧。

● 材料を選ぶ

「1」で書き出した材料のうち、「書きたいもの」「書きやすそうなもの」を選び出します。

● 材料をふくらませる

「2」で選んだ材料をふくらませていきます。
材料をふくらませるには、この二つのポイントをおさえておくといいですよ。

◎ 具体的に思い出す

書くと決めた事柄（ことがら）について、くわしく、具体的に思い出していきます。
具体的に思い出すときには、「いつ・どこで・だれが・何を・なぜ・どのように」を書き出してみたり、その事柄の前後のできごとなどを思い出してみたりするとよいでしょう。

◎ 気持ちをくわしく思い出す

材料をふくらませる段階（だんかい）で、自分の気持ちや考えをできるだけくわしく思い出し、書きとめておくことが、よい作文を書くポイントとなります。
気持ちを書くときには、行動や様子をいっしょに書いたり、たとえを使って表したりすると、気持ちがより伝わる表現（ひょうげん）になります。

> 例 うれしかったです。⇒ うれしくて、思わず飛び上がりました。
> ⇒ うれしくて、空を飛んでいるような気分になりました。

● 構成(こうせい)メモを作る

材料が十分にふくらんだら、今度はそれを整理していきます。
「3」でふくらませた材料をどのような順番で書くかを考えていきましょう。
まずは、「はじめ・なか・おわり」という構成で書いてみるとよいですよ。

★はじめ … これから書くことを簡単(かんたん)に説明したり、自分の意見を書いたりします。

★なか … 具体的なできごとや気持ちを書いたり、自分の意見の根拠(こんきょ)を書いたりします。

★おわり … 文章のまとめにあたる部分です。できごとをとおして考えたことや学んだことを書いたり、自分の意見を再度(さいど)主張(しゅちょう)したりします。

● 作文を書く

構成メモをもとに作文を書いていきます。
人に読んでもらうものですから、ていねいな字で書きましょう。

● 作文を見直す

書いた作文は、必ず見直すようにしましょう。
見直すときには、次のようなことをチェックしましょう。

- ☑ 字のまちがいはないか。
- ☑ 原稿用紙の使い方は正しいか。
- ☑ 句読点(くとうてん)を打つ位置は適切(てきせつ)か。
- ☑ 主語と述語(じゅつご)がきちんと対応(たいおう)しているか。
- ☑ 長すぎる一文はないか。
- ☑ 話のつながりがおかしなところはないか。

出典：https://service.zkai.co.jp/el/course/sakubun_club　20170707 閲覧

3.2　ワークシートを完成する

自分なりの言葉で作文の6つの手順をまとめてみましょう。

1.

2.

3.

4.

5.

6.

3.3 トピックへの学び方と考え方

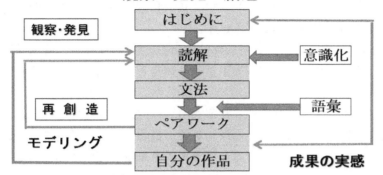

曹春玲(海南師範大学)2020年作成

　図の主題は「観察、発見、創造」です。第四章でのそれぞれのトピックのシラバスにもなります。認識学習の理論を参考にしていますが、実は、「観察、発見、創造」という基本的な学習の流れだけなのです。いろいろ考えた結果、知識と運用力のギャップを埋めるためにはこの流れに沿って授業を進めるのが一番いいのではないかと考えました。

　簡単に言えば、一つ一つのトピックについて、ただ教師の説明を聞いて理解するのではなく、学習のポイントを自分で見つけ出し、理解できると思ったら、それが本当かどうかを確認するために実際にやってみるということです。

　第四章におけるそれぞれのトピックの場合は、このような流れに沿って授業を進めたいと思います。ここで重要なのは、一つのトピックを何回も繰り返すことです。そして、最後に「モデリンク(真似)」を主にやりながら、作文を書きます。やはり、いい作文を書くには次のマインドマップで提示されている総合言語運用能力を身に付けるのはとても必要が大いにあります。

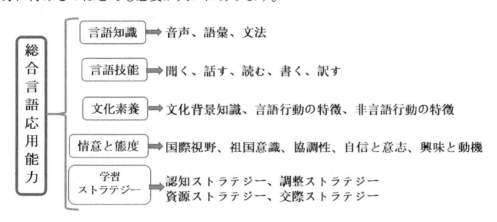

中国語訳文

　　图的主题是"观察、发现、创造",也是第四章中各个题材的教学大纲和计划。我虽然参考了认知学习理论,但其实只是遵循了"观察、发现、创造"的基本学习顺序。经过多方考虑得出的结果,是为了填补知识和运用能力之间的差距,我觉得沿着这个教学流程实施授课的话是最好不过了。

　　简单地讲,每一个话题不是只听教师的说明去理解,而是要自己找出学习的重点。如果认为自己能够理解的话,这些知识点的认知是否准确需要学生或读者自己实际去尝试,去实践。

　　第四章中各个题材的作文话题,我想按照这样的进度和程序进行授课。重要的是一个题材的作文话题要多次重复地阅读与理解,最后以"模仿"为主线,进入写作程序。归根结底,写出好作文的前提是必须掌握以下思维导图中所提示的各项内容。

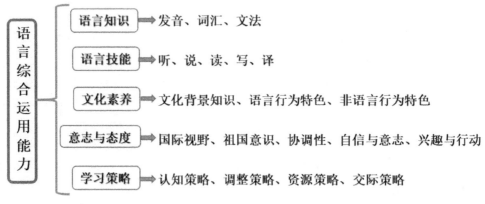

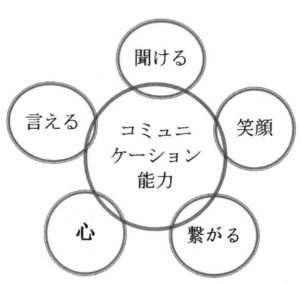

第4章　身近なトピックと実践

4.1　自己アピール

4.2　夏の思い出

4.3　わたしの夢

4.4　一年の季節

4.5　先生のひと言

4.6　Wechatって何？

4.7　新年の抱負

4.8　タタミの留学生活

4.9　私のふるさとを紹介する

4.10　手紙とラブレター

4.11　物語をかたる

4.1 自己アピール

ポイント

①自分は誰　名前、どこ（国、町）から来たか、性格と個性。
②趣味は何　どんな趣味、なぜこの趣味、いつからこの趣味なのか。
③将来の夢　どんな夢、夢は実現できるか、なぜこの夢を選んだのか。

関連語句

申す　性格　個性　ユーモア　外向的な人間　友達をつくる　気軽に　趣味
新しい知識　一人で過ごす　楽しむ　本を読む　寝る前に　音楽を聴く
卒業する　ゲームをする　安定する　仕事　夢を現実できるように　頑張る
顔見知りになる　異文化コミュニケーション　以上　よろしくお願いする

モデル作文

自己アピール

　皆さん、こんにちは。
　はじめまして、桂林由美子と申します。日本の北海道から来ました。私はユーモアがあり、外向的な性格の人間です。友達を作るのが好きです。「由美子」と気軽に呼んでくれたらうれしいです。
　私の趣味は本を読むことです。新しい知識を勉強するのが好きです。そして、一人で過ごす時間を楽しむのも好きです。ですから、私はいつも寝る前に本を読むことにしています。時には、Wechatで音楽を聴いたり、ゲームをしたりすることもあります。
　私の夢はまず大学を卒業して安定した仕事をすることです。そのあと、世界を旅したいと思っています。これから15年以内にこの夢を実現できるように頑張っていこうと思います。
　なぜなら、私は多くの人と顔見知りになることと、異文化コミュニケーションをすることが好きだからです。
　以上です。よろしくお願いします。

実践

　まず、このモデル文章を読み直してみましょう。それから、このテーマについて「話す」「調べる」「まとめる」など、「書く」前段階の準備をしましょう。

　短いモデル文を「読む」作業では、構成要素を入れ換える代入練習も可能なため、インタビューやスピーチ等をやってみましょう。

　次に、学んだ語句や文型をたくさん使い、このテーマに沿って、「作文を書く」作業を始めましょう。あなたの「自己紹介」「自己アピール」を考えて書いてみましょう。（400字）

　　自分像のワークシートを完成してみましょう。

自己紹介	似顔絵 or 写真
名前	

生年月日	
血液型／生まれた場所	型／
自分の性格	
趣味	
特技	
苦手なこと	
好きな食べ物	
苦手な食べ物	
メッセージ	

4.2　夏の思い出

ポイント

①わたし／ぼくが夏休みに一番思ったこと。
②一番心に残ったことの詳しい様子、その理由。
③これから考えたことやしたいと思うこと。

関連語句

夏休み　専攻　実家　音楽を作る　ギターを弾く　背が高い　ごはんを作る
ビデオゲーム　友達に会う　ホラー映画　よく見る　リング　着信あり
忙しい　アルバイト　馬に乗る　乗馬　騎馬　緊張する　クラブ　やさしい
アイスクリームを買う　〜したり〜したりする　一緒に音楽を作る　怖い
アービーズ（アメリカ合衆国のファストフードチェーン）

モデル作文（添削前）

夏の思い出

-わたしの夏休み-

　私の夏休みは楽しかったです。うちに帰って、兄に会いました。兄の専攻は音楽ですから、一緒に音楽を作りました。私は歌って、兄はギターを弾きました。兄は優しくて、背が高い人です。よく晩ご飯を作ったり、ビデオゲームをしたり、遊んだりしました。

　それから、友達に会って、ホラーの映画をよく見ました。「リング」と「着信あり」を見ました。本当に怖かったです。怖かったですから、リングの後で、三日間あまり寝ませんでした。でも、いい映画だったと思います。

　それから、毎日アルバイトをしましたから、忙しかったです。でも、アルバイトは楽しくて、好きですから、大丈夫でした。

　よく友達と乗馬をしました。馬に乗って、アービーズに行きました。楽しかったですが、馬はちょっと緊張しました。アイスクリームを買って、帰りました。時々、乗馬を教えました。子供は馬が好きになりました。

　友達とクラブに行きました。クラブはにぎやかで、楽しかったです。三時間ぐらい踊ったり、音楽を聞いたり、人々と話したりしました。

　うちでたくさんの日本語を勉強しました。漢字と単語と文法を勉強しました。たくさんの日本のドラマを見ました。花より男子が一番好きでした。松本潤が一番かっこいいと思います。ラストフレンズとオレンジデイズも見ました。

それから、大学に戻りました。友達に会って、りょうに行って、授業を始まりました。

語句の解釈

（1）『ラスト・フレンズ』《最后的朋友》 は、2008年4月10日から6月19日までフジテレビ系列で毎週木曜日22：00—22：54に放送されていたテレビドラマ、全11回。主演は長澤まさみ。略称は「ラスフレ」。「ラスト・フレンズ」は、当時の若者がかかえるとされているいくつもの問題（DV、性同一障害、性的虐待など）が交錯していますが、10年経った現在の方がよりリアルな問題として見られるあらすじとなっています。（https://bibi-star.jp/posts/4232）

（2）『オレンジデイズ』《橙色岁月》 は、大学を舞台にしたピュアな青春ラブストーリーで、2004年4月11日より6月20日まで毎週日曜日21：00—21：54に、TBS系列の「日曜劇場」枠で放送されていた日本のテレビドラマです。平均視聴率17.4％を記録した、まさに平成を代表する大人気作です。主演は妻夫木聡と柴咲コウ。

演習：編集者として原稿を添削してみよう

このモデル作文の作者は日本に留学しているアメリカ人だそうです。文章の語句を直せそうなところはかなりあるので、編集者になったような気分で、このモデル作文を添削してみましょう。

では、編集者として、あなたの気持ちはどうなるのか、ひと言書きましょう。

モデル作文（添削後）

夏の思い出
-わたしの夏休み-

　今年の私の夏休みは楽しかったです。久しぶりにアメリカのある州の実家に帰り、兄に会いました。兄の専攻は音楽ということもあって、とてもいい作品に仕上げることができました。私は歌を歌い、兄はギターを弾きました。兄は優しくて、背が高い人です。私達は一緒によく晩ご飯を作ったり、ビデオゲームをやったりすることで、遊んで過ごしました。

　それから、友達に会い、一緒にホラー映画を見に行きました。「リング」と「着信あり」を見ました。本当に怖かったです。すごく怖かったので、「リング」を見た後の三日間はあまり眠れませんでした。しかし、いい映画だったと思います。

　それから、毎日アルバイトをしたので、忙しかったです。しかし、アルバイトは楽しいし、好きな仕事だったので、大丈夫でした。

　友達と乗馬もしました。馬に乗り、アービーズ（アメリカのファストフードチェーン）に行きました。その時、私は楽しかったですが、馬に乗るときにはちょっと緊張しました。そのあと、アイスクリームを買って食べてから、うちに帰りました。時々、乗馬を教えました。子供は馬が好きになったようです。

友達とクラブにも行きました。クラブはにぎやかで、楽しかったです。三時間ぐらい踊ったり、音楽を聞いたり、人と話したりしました。

家に帰ってたくさん日本語を勉強しました。漢字と単語と文法を勉強し、そのために、たくさん日本のドラマを見ました。『花より男子』が一番好きです。松本潤が一番かっこいいと思います。『ラスト・フレンズ』と『オレンジデイズ』も見ました。

それから、大学に戻りました。友達に会い、寮に行き、授業が始まりました。

実践

　このモデル作文を読み直してみましょう。添削前と添削後の文章を比較し、どのような違いがあるか見てみましょう。

　続いて、このテーマについて「話す」「調べる」「まとめる」など、「書く」前段階の準備をしましょう。短いモデル文を「読む」作業では、構成要素を入れ換える代入練習も可能なため、インタビューやスピーチ等をやってみましょう。グループごとに60秒間のスピーチも行ってみましょう。

　次に、このモデル作文から学んだ語句や文型をたくさん使い、このテーマに沿って作文を書く作業を始めましょう。『私の夏休み』や『私の冬の思い出』から一つ選び、アウトラインを考えてから文章を書いてみましょう。（400～600字）

4.3　わたしの夢

ポイント

①自分の将来像を考える。将来の夢からどのようなキャリアビジョンを描いているのか。考虑自己将来的形象。就未来的梦想你会抱有怎样的经历和理想去描述呢？

②どのような目標を設定し、夢に向かってどう行動しようとしているのか、より具体的な将来の夢を語れるか。设定了怎样的目标，朝着梦想如何行动，能更具体地说得出你未来的梦想吗？

③将来の夢の理由は何か、価値観、視野の広さを持っているかどうか。将来梦想的理由是什么？是否具有价值观、视野是否开阔？

関連語句

将来の夢　看護婦　人の命　命を預かる　仕事　ミス　許さない　患者　一因
たとえ～さえ　リスク（风险）　厳しくあたられる/当たる　長期　～にわたる
不足　残念　責任を追求される　誕生する　～ながら　辞める　それでも
姿を見る　～になりたい　医療に興味を持つようになる　ケアをする　経験
野球部のマネージャー　人を裏で支える　人のために　強くなる　勤める　病院
大震災　被害を受ける　ギャップ（差距）　医師　想像　暴力　治療　ほとんど
暴言をはかれる/暴言を吐く（口吐狂言；谩骂）　寝たきり（卧床）　聞かれる
ギャップ　入院生活　嫌なこと　いらだち（焦虑）　感じる　痛み　少しでも
自分に向けられる　目をそむける（移开视线）　温かなもの　心を打たれる
包み込める　ただ～だけ夢に近づく

語句の解釈

（1）～にもかかわらず　辞書形/た形＋にもかかわらず。"虽然……但是……""尽管……可是……"。作为接续词，主要用于书面语，与「～のに」「～ながらも」的意思类似，也可用「それにもかかわらず」的形式。
　　ex.雨が降っているにもかかわらず、彼氏は傘を差さずにやってきた。
　　　　尽管下雨，男朋友还是没打伞就来了。
　　ex.それにもかかわらず、風刺画や役者絵禁止令が出された後にも「落書き」と称して役者絵を出版している。
　　　　尽管如此，在讽刺画和演员画禁止令出台后，他还是以"涂鸦"为名出版了演员画册。
（2）～ではないかと思う。不是～吗？
　　ex.私はその自転車がこの辺で盗まれたのではないかと思います。

　　　　　我觉得那辆自行车不就是在这附近被偷的嘛。
(3) たとえ〜ても〜ない　　即使……也……没有。
　　ex. たとえ天と地がひっくり返ったとしても私の考えは**変わりません**。
　　　　即使天塌地陷，我的想法也不会改变。

モデル作文〔一〕

私の将来の夢

　私の将来の夢は看護師です。看護師は人の命を預かる仕事で、ミスはゆるされません。たとえ、小さなミスでさえ患者さんから厳しくあたられたり、長期にわたり責任を追求されるリスクの高い仕事です。毎年たくさんの看護師が誕生するにもかかわらず、残念ながらやめていく人も多いので看護師不足といわれる一因ではないかと思います。

　しかし、それでも私は看護師になりたいです。私の姉は看護師です。姉のすがたを見ていて医療に興味を持つようになりました。また、野球部のマネージャーという立場で人を裏で支えたりケアをしたりするという経験から、人のために何かをしたいという思いが強くなりました。

　私の姉が勤める病院は大震災で被害を受け、医師も看護師も不足しており、患者さんもほとんどねたきりという病院です。姉から聞かされる話は、私の想像していた看護師像とはほど遠く大きなギャップがありました。患者さんの中には長い入院生活や治療の痛みから、暴力や暴言を吐く人もいるそうです。患者さんの気持ちを考えると、嫌なことも多いだろうと想像できるけれども、そのいらだちが自分に向けられることや辛さにも目をそむけてはいけないことを思うと、こわささえ感じます。

　私は姉に
「辛いことや暴言をはかれて、仕事、いやにならないの？」
と聞きました。すると返ってきた言葉は、とても温かなものでした。
「一番辛いのは患者さんだからね。たとえ辛いと思っていてもこれが看護師の仕事だし、だからこそ笑顔でいないとね。」
と私に言ってくれました。

　いくら自分が傷ついても患者さんを第一に考える姿に心を打たれました。自分より他人の心を分かってあげることが看護師には大切なことだと思います。

　この姉の言葉を通して私はさらに看護師になりたい、常に笑顔で患者さんの気持ちを分かってあげたいと思いました。辛いものを包みこめるような人間になりたいです。しかし、ただなりたいと思うだけではいけません。これからたくさんのことも勉強して少しでもその夢に近づきたいと思います。

人はだれかの支えがなければ生きていけません。私は苦しみの中にある人の支えになれる看護師になりたい、それが私の夢です。

中国语訳文

我未来的梦想

　　护士是我未来的梦想。我认为护士是对生命负责的工作，绝不允许失误。即使是小小的失误，患者对待护士也是很严厉的，而且患者也会长期追究护士的责任。护士是一种高风险职业。尽管每年仍有很多人选择护士这个职业，但是遗憾的是，也会有很多人辞掉护士这个职业，所以我认为这就是护士严重不足的原因之一。

　　但是，尽管如此，我还是想成为一名护士。我姐姐是护士。看着姐姐工作的身影，我对医疗工作产生了很大的兴趣。还有就是，我有当棒球部经理的经历，常常在幕后默默支持和照顾别人，因此想要为别人做点什么的愿望就变得更为强烈。

　　我姐姐工作的医院在大地震中受灾很重，医生和护士严重不足。这是病人长期住院的一家医院。从姐姐那里听到一些说法，现实中的护士和想象中的护士形象相差甚远。据说，由于住院时间长和治疗疼痛等原因，有的病人甚至对护士出言不逊。考虑到病人的感受，虽然护士也很讨厌这类事情，但是一想到病人那样焦躁，就是再痛苦也无法逃避病人的视线。此时，当护士的会让自己变得坚强起来。

　　我问姐姐："你被人咆哮，有时又不开心，你不讨厌这份工作吗？"紧接着姐姐对我说的话充满了暖意。姐姐说："其实最痛苦的是病人。即使再辛苦，这也是护士的工作嘛。正因为如此，就不能不用微笑面对工作啦。"

　　不管姐姐自己受到多大的伤害，她都会把病人放在第一位，这让我很感动。我觉得对护士来说，先去理解别人的心情更为重要。

　　通过和姐姐聊天，我更想成为一名护士。我想一直用微笑来面对病人，并去理解他们的心情。我想成为一名能包容别人痛苦的人。但是，我不能只是去思考自己想成为什么，我要学习更多的东西，哪怕是一点点也好，我只想离我的梦想更近一点。

　　一个人没有别人的帮助就无法生存。我想成为一名能帮助病人减轻痛苦的护士，这就是我的梦想。

モデル作文〔二〕

十年後の私

構成メモ
① 10 年後の自分がしたいこと、なりたいもの。
② そのために何をするべきか。
③ するべきことをやってどのような変化があるのか。
④ 10 年後の自分になるために現在の自分に欠けていることは何か。
⑤ これからの自分の課題とまとめ。

　10 年後の私は何歳になるのでしょうか。これまでの 10 年を考えてみると、身の回りの生活はとても便利になり、5Gの時代に入り、コミュニケーションの取り方も大きく変わったように思います。そして、これからの 10 年も、生活のしやすさは変わっていくように思います。そのような中で、私はそういった変化を与える側の人間、開発であったり、仕組みを作れるような人間、そういう仕事に就きたいと思っています。

　私は、子供のころから、ワクワクするような出来事が好きで、人の家に遊びに行ったり、海外に旅行したりします。親戚との食事会も好きですし、そういう会でのサプライズ、イベントを企画することも好きです。周囲の人が笑顔になること、それらのイベントで交流ができることが、私にとってもうれしいことなのです。大人になって、仕事をするようになってからも、多くの人が驚き、楽しめ、便利だと思われるようなものを作り出していきたいと考えています。そのためにも、さまざまな知識を身につけ、勉強に取り組んでいきたいと思っています。

　また、ひとりでは解決できないことも多いため、多くの仲間と交流できる仕事も楽しいと思っています。他人の立場、思いを考えながら、最良のものを作っていく、そんな仕事にも憧れます。世の中の変化を察知し、自身の考え方、行動を変えられるよう、柔軟な姿勢でありたいと思います。自身の目標に向かって、日々頑張っていこうと思っています。

https://driver-times.com/driver_work/driver_biz/1062740 より

(1) 勉強に取り組んでいきたい。
　　想专心努力地去学习。
(2) 自身の目標に向かう。
　　朝着自己的目标向前进。

実践

　まず、これらのモデル文章を読み直してみましょう。そして、このテーマについて「話す」「調べる」「まとめる」など、「書く」前段階の準備をしましょう。

　短いモデル文を「読む」作業では、構成要素を入れ換える代入練習も可能なため、インタビューやスピーチ等をやってみましょう。グループごとに60秒間のスピーチや発言も行ってみましょう。

　次に、モデル作文から学んだ語句や文型をたくさん使い、このテーマに沿って、作文を書く作業を始めましょう。また、このモデル作文から日本語での会話の書き方を学びましょう。『私の夢』&『十年後の私』のアウトラインを構成して書いてみましょう。（600～800字）

4.4 一年の季節

ポイント

①各季節の時期と気温。
②各季節の特徴および楽しみ。
③私が一番好きな季節とその理由。

関連語句

四つの季節　だんだん　暖かくなる　いろいろ　花が咲く　さくら　有名
お花見　行事　雨が降る　たくさん　暑くなる　海で泳ぐ　山に登る　楽しむ
あじさい（紫陽花）　涼しい　さわやか　果物　草木　五穀　葉が紅く染まる
収穫期　情緒溢れる　紅葉狩り　京都　意味　雪が降る　スキー　スケート
雪景色を楽しめる　キャンプ

モデル文章

一年の季節

　　日本には、春と夏と秋と冬の四つの季節があります。
　春は、3月から5月までです。だんだん暖かくなって、いろいろな花が咲きます。さくらの花は、とくにきれいで有名です。お花見は春の季節行事みたいなものです。
　夏は、6月から8月までです。6月にはあじさいを楽しみます。6月に雨がたくさん降ったあと、7月と8月は、とても暑くなります。夏休みには、みんな海で泳いだり、高い山に登ったりします。

　秋は、9月から11月までです。昼が短く、夜が長くなります。この季節は涼しくさわやかで五穀の収穫期で、果物がおいしい季節です。公園や山はとてもきれいになります。草木の葉が紅く染まり、情緒溢れる季節です。とくに、京都の秋の紅葉狩りは楽しいです。

　冬は、12月から翌年の2月ごろまでです。寒くなって、雪が降るところもあります。実は、東京や大阪、福岡といった都市ではほとんど雪は降りません。東京では、少

ししか降りませんが、北の地方では、雪がたくさん降って、スキーやスケートができ、雪景色も楽しめます。

四つの季節の中で、私は夏が一番好きです。なぜなら、水泳やキャンプができるからです。

イラストの出典 http://image-search.yahoo.co.jp 20170403 閲覧

演習：四季の景色を想像しながら描写してみましょう

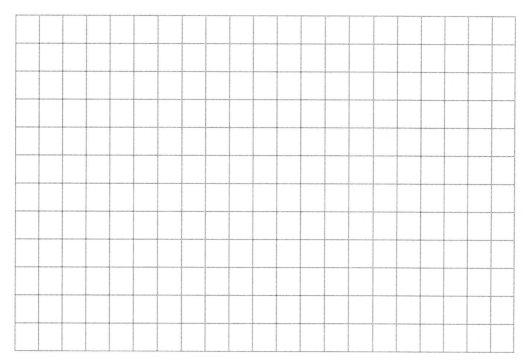

実践

まず、このモデル文章を読み直してみましょう。それから、このテーマについて「話す」「調べる」「まとめる」など、「書く」前段階の準備をしましょう。

短いモデル文を「読む」作業では、構成要素を入れ換える代入練習も可能なため、インタビューやスピーチ等をやってみましょう。グループごとに60秒間のスピーチや発言も行ってみましょう。

次に、このモデル作文から学んだ語句や文型をたくさん使い、このテーマに沿って、作文を書く作業を始めましょう。あなたの『ふるさとの一年の季節』、あるいは『我が国の一年の四季』を思い浮かべながら書いてみましょう。（600字）

4.5　先生のひと言

ポイント

①文章を考える背景。
②先生のひと言を思い出す。
③未来への影響。

　読者諸君たちへ、ここでは、まず作者の恩師からのメッセージを読んでみましょう。恩師のおかげで、作者は日本での留学生活が無事に終わり、博士号も順調に授与されました。ここで恩師に心より感謝の意を表したいと思います。

恩師岩井千秋教授からのメッセージの抜粋

　そもそも学術交流や学生指導は、見返りを期待してはいけないというのが私の考え方です。教師の仕事というのは、基本的に社会に対する奉仕です。それは決して高慢な気持ちからではなく、今の自分があるのは多くの先生方や先輩に力添えをしてもらったことへのお返しと思わなくてはいけないということです。その実、私自身、国内でもそうですが、アメリカにいるときにも縁もゆかりもない多くの人に助けてもらいましたし、恩師にとっては何のメリットもない外国人なのに、いろんなお世話をしていただきました。曹さんが外国人であろうが日本人であろうが、私にとっては同じ人間、その人に私のできることを精一杯するのは当たり前のことで、それに対する見返りは一切求めるつもりはありません。

　それに、はるばる内モンゴルからこられて、学費や生活費の心配はつきないはずです。私もアメリカにいるときそうでした。不要な出費は極力押さえて、とにかく勉強に出費する、その気持ちを忘れないでください。お土産を買うお金があれば、コピーの数十枚はとれます。曹さんにとって、今はその方がより大切です。こういうお心遣いは、どうしてもとおっしゃるなら、学位をとって国に帰って仕事を始められてからにしましょう。もちろんモノではなく、曹さんの故郷の写真でも送ってもらえれば何よりです。

2004年春　in 広島市立大学

中国語訳文

恩师岩井千秋教授的书信摘录

　　我认为学术交流和指导学生本来是不期待回报的。教师的工作应该是服务社会，而不是高高在上。必须要想到的是，今天我们自己这么做，是对曾经帮助过我们的老师和前辈的感恩与回报。事实上，我自己在国内也是这样。我在美国的时候我也得到了很多帮助，而且他们和我是没有任何关系的毫不相干的人。对我的老师来说，我不过是个外国人，不可能为他带来什么好处，却得到了很多关照。也就是说，不管小曹你是外国人还是日本人，对我来说都一样，我都应该竭尽全力做我力所能及的事，而不求任何回报。

　　你从遥远的内蒙古草原来到日本，应该会无时不在担心自己的学费和生活费。我在美国的时候也是这样的，尽量减少不必要的开支，要多花费在学习上。如果不买土特产，那就可以多买好些书。对小曹来说，现在学习更为重要。如果你无论如何都要表达对老师的这份感激，那就等你取得学位后回国工作了再说。当然不是其他什么东西，到时候如果能把小曹家乡的照片邮寄一张给老师那就再好不过了。（2004年春于广岛市立大学）

関連語句

ピアノ　短大　辞める　社会人になる　～より　やりたい　バレエ　サークル
通い始める　田舎　バレエ教室　小さい頃から　なかなか　～やらないと
身にならない　回転する　～が絶えず　～して仕方がない　町内　レッスン
文化祭　モチベーション（动机）　上げる　上手い下手　全員出る　かつて
～に関わらず　憧れる　バレリーナ（芭蕾舞女演员）　舞台　踊る　スイッチ
よぎる　電子ピアノ　追いつく　人の三倍　ガラス越し　チラチラ　不思議
プロ　鏡の前　気にしない　納得　踊りたい　ずいぶん　自主練　スタジオ

借りる　感心　呆(あき)れる　ストイック（禁欲主义）　当たり前　集合写真　満足
ふわふわ　エメラルドグリーン（翡翠绿）　本格的　メイク（化妆）　基礎
習い事　何だって　チュチュ（短裙。芭蕾舞者所穿的短裙＜法＞tutu）
笑顔が写す　子育て　学生時代　ちょっぴり（有点，少许）　気がする

語句の解釈

(1) **目が回る（めがまわる）**　慣用語。
　①头晕目眩，头昏眼花。
　　ex. 腹がへって目が回る。
　　　　饿得头晕眼花。
　②非常忙，繁忙。
　　ex. 目が回るような毎日。
　　　　繁忙的每天。
　③忙得不可开交，忙得团团转。
　　ex. 目が回る忙しさ。
　　　　忙得不可开交。

(2) **回転すれば壁が回り、必死になるほど左右がわからなくなる。**
　　人在旋转的话貌似墙壁也会跟着旋转，比喻越是拼命，就越分不清楚前后左右。

(3) **みんなのモチベーションを上げるため、上手い下手に関わらず全員出るという。**
　　为了提高大家的积极性与热情，不管擅长与否，全体人员都得参加。

(4) **スイッチが入った私に、かつてピアノの先生に言われた言葉がよぎった。**
　　打开开关的我，想起了曾经钢琴老师说过的话。

(5) **ガラス越しに、筋トレ中の人達がチラチラと不思議そうに見ていた。**
　　隔着玻璃，正在锻炼肌肉的人们稀稀拉拉地貌似不可思议地看着。

(6) **〜げ**　接尾詞。
《形容詞語幹などに付け、形容動詞語幹・名詞を作る》表示某种神态。样子、情形、迹象、感觉、倾向。
　　ex. 子供たちは楽しげに遊んでいる。
　　　　孩子们高兴地玩着。（情形）
　　ex. かわいげがある。
　　　　招人喜爱。（感觉）
　　ex. おとなげがない。
　　　　没有大人样。不像大人。（样子）

モデル作文

先生のひと言
—自信をくれた先生のひと言—

　三歳から習ったピアノを、短大卒業の二十歳でやめた。社会人になり、実はピアノよりやりたいと思っていた、バレエのサークルに通い始めた。
「田舎じゃバレエ教室なんてなかったもんなぁ」
　わかってはいたが、バレエもピアノと一緒で、小さい頃からやらないとなかなか身にならない。
「ちょ、ちょっと、目が回ってます…」
　回転すれば壁が回り、必死になるほど左右がわからなくなる。初心者の大人にピアノを教える時、"ドレミ"と三つ音を弾くだけでも指がもつれ、途方に暮れるのと同じ状況だった。おせじにも、美しいとは言えない姿。しかし、レオタードに巻きスカート、ピンクのバレエシューズと恰好はばっちり。主婦中心のサークルはいつも笑いが絶えず、私は楽しくて仕方なかった。
　ある日のレッスンの時、先生が言った。
「7月最初の日曜日に、町内の文化祭に出ます」
　みんなのモチベーションを上げるため、上手い下手に関わらず全員出るという。憧れのバレリーナのように、舞台で踊るのだ。
「頑張らなくちゃ！」
　スイッチが入った私に、かつてピアノの先生に言われた言葉がよぎった。
　高校に入り、ピアノ専攻で音楽を学び始めた時のことだ。
「あなた、電子ピアノでやってきたんでしょう？　今から頑張ったって、みんなを越えられないから。追いつきたかったら、人の三倍弾きなさい。みんなが三時間なら、あなたは九時間。左手におにぎり持ったら右手が練習できるでしょう」
　人と同じことをしていたら越えられない、それは何だって同じ。私は、通っていたスポーツジムのスタジオを個人で借りて練習することにした。一時間700円。ガラス越しに、筋トレ中の人達がチラチラと不思議そうに見ていた。どう見ても学生じゃないしどう見てもプロじゃない女性が、鏡の前で一人で踊っているのだ。それでも私は気にしなかった。自分が納得いくように踊りたかった。
「ずいぶん変わったわね、自主練してきた？」
　ある日のレッスンで先輩主婦が驚いたので、ジムのスタジオを借りた話をした。そこまでする？と感心したような呆れたような顔。しかし、ストイックにやることは、長年のピアノの練習で身についた当たり前のこと。
　文化祭の集合写真には、ふわふわのエメラルドグリーンのチュチュに本格的な舞台メイクで満足げな私の笑顔が写っている。

第4章　身近なトピックと実践

今は子育てが忙しく習い事はちょっぴりお休み中だが、「人の三倍やるのが当たり前」という学生時代にできた基礎があれば、何だってできそうな気がする。

先生、ありがとう。

出典：「学びと私」〔作者　紗菜さん（39歳）/岩手県〕https://mananavi.com/　より

中国語訳文

老师的一句话

——给我自信的老师的一句话

我从三岁开始学弹钢琴，但是专科毕业的那一年，二十岁时，我放弃了弹钢琴。成为一名社会工作人员之后，我参加了芭蕾舞社团，其实和弹钢琴相比，我更喜欢跳芭蕾舞。"在乡下根本没什么芭蕾舞培训班的。"

我知道跳芭蕾舞和弹钢琴一样，如果不是从小就学的话，是很难掌握芭蕾舞的基本动作要领的。

"等、等一下，有点眼花缭乱……"

人在旋转的时候墙壁好像也会跟着一起旋转，越是拼命旋转，就越分不清楚前后左右或东南西北。这和教成年初学者弹钢琴的情景是一样的，仅仅只弹了"多、来、米"三个音符手指就被缠绕在一起了，不知如何是好。一开始学跳芭蕾舞也是这个样子。即使恭维地说，也不能说我的舞姿是优美的。但是，裹在身上的紧身连衣裙、粉色芭蕾鞋既合适又漂亮。这个以家庭主妇为中心的社团笑声不断，我开心得不得了。

有一天上课的时候，老师通知我们："7月份的第一个星期天，我们要去参加街道举办的文化节。"

为了提高大家的积极性和热情，不管我们芭蕾舞跳得好与坏，全体成员都得参加。那时我就憧憬着像真正的芭蕾舞演员在舞台上跳舞的那种感觉。我暗下决心："必须得加油！"

当我打开录音机开关时，想起了我的钢琴老师曾经说过的话。

那还是我考上高中，开始在钢琴专业学习音乐的时候。

老师说："你是用电子钢琴弹的吧？就算现在开始努力，你也无法超越大家。你想要追上大家的话，就要付出比别人多出三倍的努力。就是说别人弹三个小时，你就得弹九个小时。如果你左手拿着米饭团子的话，那右手还可以练习嘛。"

如果我和别人一样付出，我就无法超越，这和弹钢琴的道理是一样的。我决定自己去健身房练习，场地租借费一小时是700日元。稀稀拉拉锻炼身体的人隔着玻璃不可思议地看着我，看我这个既不像是学生，又不像是专业舞蹈演员的人独自在镜子前跳舞。不过我也不放在心上，我跳舞是为了超越我自己。

有一天上课时，一位年长的太太对我说："你变化好大啊，自己练习了吗？"这位太太对我的表现很是惊奇，我就告诉她我租了健身房的工作室。她带着钦佩、吃惊

的表情嘟囔着："哎！都做到这个份儿上了？"但是，坚忍不拔是我多年练习弹钢琴所掌握的看家本领。

　　文化节的集体照片上，我穿着轻盈透亮的翡翠绿短裙，化着地道的舞台妆，脸上充满了满足的微笑。

　　现在虽然忙于带孩子，学习的事情有点怠慢，但是因为从学生时代就有"比别人多付出三倍努力"的基础，感觉不管做什么都能做到。

　　老师，谢谢您！

実践

　　このモデル作文の文体は「常体」が使われています。あなたの人生の中で、これまでどれぐらいの先生に出会ったのか数えてみましょう。各時期の先生からそれぞれ教えられたことは、たくさんあるのではありませんか。一番印象深い先生のひと言を覚えていますか。

　　このモデル文章を参考に、このテーマについて「話す」「調べる」「まとめる」など、「書く」前段階の準備をしましょう。

　　短いモデル文を「読む」作業では、構成要素を入れ換える代入練習も可能なため、インタビューやスピーチ等をやってみましょう。グループごとに60秒間のスピーチや発言も行ってみましょう。

　　次に、このモデル作文から学んだ語句や文型をたくさん使い、このテーマに沿って、作文を書く作業を始めましょう。あなたの人生で出会った『先生のひと言』を思い出しながら作文を書いてみましょう。（800～1000字）

4.6 WeChatって何？

ポイント

①WeChatという定義と時期。
②WeChatの便利さと欠点。
③WeChatに対する自分の考え。

関連語句

WeChat（ウィーチャット／ウェイシン）　アプリ（application；执行程序，应用）
サービス　スタート　多くの中国人　使っている　ユーザ　億人を超える　同士
国籍　活用する　テキストメッセージ　もちろん　ボイスメッセージ　写真
動画　位置情報　連絡先　電子マネー　受け取る　～したり～したりする　必要
スタンプ（stamp、贴图、表情包；LINE等通讯工具中常用的通讯辅助工具）　十分
音声通話　グループチャット　現金　持ち歩く　～ても　携帯電話　ほとんど
支払いができる　～てしまう　決済(けっさい)　便利さ　コンビニ　病院　屋台　出張
あらゆるところ（各处、到处）　利用可能　猛スピード　普及　おそらく
認知度　～において　～てはならない　ダウンロード（下载）　間違いない
何ヶ月　～に滞在　～普及に伴う　ずる賢いやから　事実　交換する　多発する
多発ウェブサイト　～に関連する　詐欺事件　気をつける　個人情報を守る
支払いをする

語句の解釈

（1）中国のWeChatだと、機能がもっと豊富で、例えば、WeChatでオンラインショッピングできたり、決済機能を使い、友達同士の割り勘がスムーズにできたり（あとで電話料金として個々に請求される）、自動販売機でも、WeChatで決済できたりと、日本のLINEより、生活に密着して、まさにインフラとして機能している印象を受ける。

中国的微信功能更是丰富，例如，可以通过微信在线购物，使用支付功能，朋友之间的AA制也能顺利进行（之后作为电话费单独收取），自动售货机也可以通过微信支付，比起日本的LINE（日本于2011年推出的通讯应用，可以免费通话），更贴近生活，给人一种印象是它像基础设施一样发挥着积极的作用。

（2）テキストメッセージ（text message 文本式报文）　とは、IT用語辞典によると、テキスト（文字）データを用いて送受信される情報（メッセージ）のこと、

あるいは、そうした伝達手段で用いられるテキストのことである。

根据IT用语词典，文本消息是指使用文本（文字）数据发送和接收的信息（书信/短信），或者在这样的传递手段中使用的文本。

（3）**ボイスメッセージ**（対応機種：Android）　留言。留守番電話サービスセンターで預かったメッセージを音声ファイルとして、保存、スマートフォンに自動配信リストで簡単操作、いつでも繰り返し再生でき、メッセージを文字でも確認できる。

将电话留言服务中心保管的信息作为声音文件，在智能手机上通过自动分发列表进行简单操作，随时可以反复播放，也可以通过文字确认信息。

（4）**ズル賢いやから**　しかしWeChatの普及に伴い、ズル賢いやからが増えて来ているのも事実です。

但是，随着微信的普及，狡猾的家伙/电信骗子也随之增加，这也是事实。

（5）**ウェブサイト**（website 网站）　とは、インターネット上で展開されている、情報の集合体としてのホームページのこと。また、そのインターネット上での場所のこと。

所谓网络站点，是指在因特网上制作的用于展示特定内容的相关网页的集合。

モデル作文

WeChatって何？

　みなさんはWeChat「ウィーチャット」、中国語では微信「ウェイシン」という名前のSNSアプリを知っていますか？WeChat Payは2013年8月より中国国内でサービスがスタートしました。今では多くの中国人が「ウェイシン」を使っています。ユーザ数は8億人を超えているとも言われており、在中の外国人を始め、中国以外の国籍の人もこのアプリをかなり活用しています。テキストメッセージはもちろん、ボイスメッセージ・写真・動画・位置情報・連絡先・スタンプ、さらには電子マネーを送ったり受け取ったりできます。WeChat同士で音声通話もできるし、グループチャットもできます。現金を持ち歩かなくても携帯電話があれば、ほとんどの支払いができてしまいます。WeChatアプリ内で決済ができる便利さから、コンビニ、病院、屋台などあらゆるところで利用可能で、猛スピードで普及しています。

　おそらく日本にいる方は「LINEは知ってるけど

WeChatって何？」と、それぐらいの認知度だと思います。しかし、中国においては、今や無くてはならないアプリになっています。日本に住んでいる中国人もほとんどこのアプリをダウンロードしています。中国人と友達になろうと思う場合、相手はほぼ間違いなく「有没有微信？/WeChat 交換しない？」と聞いてきます。

　ですので、中国人と仲良くなり中国語を勉強したいという人、あるいは中国出張で何ヶ月か中国に滞在するという人は知っておくと、とても便利なアプリです。

　しかし、WeChat の普及に伴い、ズル賢いやからが増えて来ているのも事実です。ウェブサイト百度によれば、WeChat に関連した詐欺事件も多発しているようです。WeChat の個人情報を守る必要もあります。特に、WeChat を使って支払いをする際は十分気をつけるようにしましょう。

https://wakuwork.jp/archives/24513 より作成　20200304 閲覧

実践

　このモデル作文『WeChat って何？』は IT 語句が多いため、難しいかもしれません。しかし、日常生活ではよく使うものですから、覚えておきましょう。

　引き続き、このモデル文章を読み直してみましょう。そして、このテーマについて「話す」「調べる」「まとめる」など、「書く」前段階の準備をしましょう。

　短いモデル文を「読む」作業では、構成要素を入れ換える代入練習も可能なため、インタビューやスピーチ等をやってみましょう。グループごとに 60 秒間のスピーチや発言も行ってみましょう。

　さらに、このモデル作文から学んだ語句や文型をたくさん使い、このテーマに沿って、作文を書く作業を始めましょう。あなたの認識や考えに基づいて『WeChat の良さと欠点』について書いてみましょう。（700～800 字）

4.7 新年の抱負

①新年の目標を考える。
②具体的な目標は何か。
③その目標に向け、あなたは何をするか。

モデル作文（一）

関連語句

新年の抱負　将来に向けて　～とともに　大きな試練　～でもある　一日一日
壁を乗り越える　～なければならない　自主学習　生活　同僚　大切にする
～について　～を通じる　考え方　仲間　先生方　教師会　活動　意気投合
ふれあう　～ために　人間性を養う　イデオロギー　敏感　得意　将来　とる
異文化コミュニケーション　大事　目標　順調　進む　知り合い　国際交流
～ていこうと思う

語句の解釈

（1）**イデオロギー**　は意識形態（いしきけいたい）とも言い、一般的には世界や人間について人々が抱くさまざまな観念や信念の多少なりとも体系化されたもの、と考えられているが、統一的な定義はない。観念形態または意識形態と訳される。（出典：株式会社平凡社世界大百科事典　第2版による）

意识形态是一个哲学范畴词汇，比较抽象，可以理解为对事物的理解、认知。它是一种对事物的感观思想，是观念、观点、概念、思想、价值观等要素的总和。意识形态不是人脑中固有的，而是源于社会存在。人的意识形态受思维能力、环境、信息（教育、宣传）、价值取向等因素影响。不同的意识形态对同一种事物的理解、认知也不同。出自《意识形态原理》。

（2）**異文化コミュニケーション**　とは、文化的背景が異なる者同士によるコミュニケーションである。その定義は、性別をはじめ、年齢や職業、出身地や社会的地位など、自分自身とは違った価値観や環境の方と、言葉のやり取りやボディーランゲージを行うことを示している。つまり異文化コミュニケーションは、外国人との交流だけにとどまらず、同じ言語をもった日本人同士でも立場が違えば存在するものなのである。

跨文化交流是指文化背景不同的人士之间的交流。其定义包括与因性别、年龄、职业、出生地和社会地位等差异而与自己拥有不同的价值观和生长环境的人进行的语言交流以及肢体语言的交流。也就是说，跨文化交流不仅只限于和外国人的交流，即

使是拥有相同语言的日本人，立场不同其价值观自然也不同。

私の新年の抱負

桂林　洋子

　新年の抱負といえば、三つあります。
　一つ目は、毎日、楽しい気持ちで将来に向けて頑張ることです。これは自分の仕事に向けての第一歩であるとともに、新年の大きな目標でもあります。仕事において、わからない事に遭うかもしれないので、自分の力でその壁を乗り越えなければなりません。一年の終わりまで一日一日を大切にし、悔いを残さないように精一杯頑張っていきます。
　二つ目は、生活についてです。私たちは、仕事を通じて知識機能・生活の知恵・ものの考え方を学び、グループや研究に関わる仲間、意気投合する方とふれあいながら、業績が良くなるように必要な人間性を養っているのだと思います。9月からも知り合いや新しい同僚と教師会活動を通じてたくさんの思い出を作っていきたいと思っています。
　三つ目は、国際交流が順調に進められることです。現在、イデオロギー間の矛盾が高まっており、国際交流において敏感な問題が出てきているため、どのようにやればいいのか、いろいろ考えています。将来、国際交流や異文化コミュニケーションなどの上で、また、お互いにコミュニケーションをとるためにも大切です。これから元気よく笑顔で接していこうと思います。
　この他にも目標はありますが、この三つのことを特に頑張っていこうと思います。

モデル作文（二）

関連語句

　整理できる　小さなこと　ダメージ　受けやすい　上がり下がり　昨年　最高
　そのため　巻き込む　迷惑をかける　人を支える　支えたい　苦手　向き合う
　一年かける　決意　計画　問題　真っ向から　闘う　解決したい　言える
　ゆっくり～ばかり　～ないといけない

語句の解釈

（1）ダメージを受けやすい。容易受到伤。
　　ex. 大きなダメージを受ける。
　　　　受到很大的伤害。
（2）真っ向から闘う。
　　ex. 会社と真っ向から闘う。

和公司正面斗争。
ex. 一つ一つの問題と真っ向から闘い、解決したいです。
　　　每一个问题我都想正视并解决。

新年の抱負
―自分と向き合い　強い心を持つぞ―

　自分の気持ちを整理できるような一年にしたいです。
　私の心は小さいことでもダメージを受けやすく、気持ち的に上がり下がりがとても多いです。そのため、いろんな人をまき込み、昨年は迷惑をかけてばかりでした。
　今度は人を支えたいです。
　支えてもらった2倍も3倍も人を支えたいです。そのためには私自身、自分の弱いところ、苦手だと思うところを見つめ、心を整理しないといけないと思います。
　まだまだ「人を支える」などといった大きなことはできません。
　一年かけてゆっくり自分と向き合い、向き合った分を「強さ」に変えていきたいです。とても大きな決意であり、計画です。一つ一つの問題と真っ向から闘い、解決したいです。すべての問題を解決した時、最高の笑顔で支えてくれたすべての人たちに「ありがとう」と言えるように。

中国語訳文

新年愿望

——面对自己要有坚强的心态

　　我想调整好自己的心态度过新的一年。我的性格比较脆弱，即使是很小的事情，也很容易让我受伤。我遇事心里总感到七上八下，因此，与我相处过的各个层面的人都受牵连，所以去年的我给别人添了不少麻烦。
　　新年我想尝试一下支持或帮助别人。
　　我想给别人的支持或帮助是别人给我的两倍甚至三倍。为此，我必须正视自己的弱点和自认为不擅长的地方，必须调整好自己的心态。
　　"支持或帮助别人"这样的大事对我来说暂时还做不到。
　　但是，我想用一年的时间慢慢地面对自己，把自己变得"强大"起来。这是我新年的大决心和大计划。每一个问题我都想正视并解决。当所有的问题得到解决的时候，我要努力用最真心的微笑面对支持和帮助过我的所有的人，对他们大声地说一声"谢谢"！

演習：新年に望むことのリスト

モデル

作者の新年のキャッチフレーズ： 　　　努力すればするほど、幸せになります。

作者の新年に望むことのリスト（新年的愿望清单）

1. 断捨離することで、静かな時間を持ちたい。
2. 家族と一緒にどこかへ一度旅行に行くつもり。
3. 毎日30分間の有酸素運動を続け、免疫力を高める。
4. 中国と日本のイラスト画の入門を独学したい。
5. 翻訳作品はせめて一冊完成できるように頑張る。

2021年1月1日

実践（1）

あなたが新年に望むことのリストを挙げてみましょう。

実践（2）

「新年の抱負」のモデル作文は二つあります。スタイルはちょっと違う感じがするかもしれません。

一つ目のモデル作文は作文授業を担当した時に、作者が自分自身のことについて書いてみたものです。

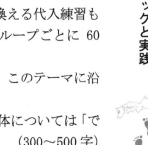

このテーマについて「話す」「調べる」「まとめる」など、「書く」前段階の準備をしましょう。

作文の中の短いモデル文を「読む」作業では、構成要素を入れ換える代入練習も可能なため、インタビューやスピーチ等をやってみましょう。グループごとに60秒間のスピーチや発言も行ってみましょう。

さらに、このモデル作文から学んだ語句や文型をたくさん使い、このテーマに沿って、作文を書く作業を始めましょう。

あなたの「新年の抱負」を構想して書いてみましょう。作文の文体については「である体」にするか「です・ます体」にするか自分で決めましょう。（300～500字）

第4章　身近なトピックと実践

4.8　タタミの留学生活

ポイント

①畳の部屋って何、その認識。
②畳部屋の利点と欠点。
③畳部屋と普通部屋との比較と考え。

関連語句

留学生　生活　タタミ　浮かぶ　靴を脱ぐ　思い浮かぶ　だんだん　考える
～ようになる　ソファ　快適　内モンゴル　床　ごろ寝　不可能　テレビ
～しながら　本を読む　うとうとする　日常茶飯事　満員電車　揺られる
会社へ行く　夜遅くまで　残業する　家へ帰る　畳に座る　やぶ入り　働き蜂
ホッと一息つく（喘一口气）　どんなに　楽にさせる　生活時間　示す　集まる
次から次へ　高層マンション　応接間　テーブル　ソファセット　ステレオ
置かれる　寛ぐ　結局　日本間　取り入れる　独自　いつの間にか　ますます
現代化される　伝統　裏付け　風俗習慣　切っても切れない　長所　美的
観点　見過ごす　茶道　見学に行く　茶室　惹かれる　掛け軸　生け花　便利
添える　簡素　優雅　調和　平安　まさしく　感動　小さな台所　押し入れ
蒲団（布団）　見せてくれる　びっくりする　ベッド　畳む　居間　生み出す
生活の知恵　掃除　清潔を保つ　部屋の空間　最初　出会い　当惑　しびれる
恥ずかしい　靴下の穴　披露　消防車　ほんの少し　落ち着く　憩い　離れる
理解する　～にとって　日本文化　大切なこと　苦学　愛する　横になる　雪国
いろいろと体験　今度　故郷　ふさわしい　シンボル

語句の解釈

（1）畳って何？　畳（たたみ）は、日本で利用されている伝統的（でんとうてき）な床材（ゆかざい）のことです。芯材（しんざい）になる板状（いたじょう）の畳床（たたみどこ）の表面（ひょうめん）を、イグサを編み込んで出来た敷物状（しきものじょう）の畳表（たたみおもて）でくるんで作ります。縁（へり）には畳表を止める為と装飾（そうしょく）を兼（か）ねて、畳縁（たたみべり）と呼ばれる帯状（たいじょう）の布（ぬの）を縫い付けますが、一部には縁の無い畳もあります。畳には縦横（じゅうおう）比が2:1になっている長方形（ちょうほうけい）の一畳（いちじょう）サイズと、これを横半分（よこはんぶん）にした正方形（せいほうけい）の半畳（はんじょう）サイズの2種類（しゅるい）があります。

榻榻米是日本经常使用的传统地板材料。芯材做成榻榻米表面的板状，再用石竹编织而成，榻榻米的表层制作成垫子的形状。为了固定榻榻米表层边缘，榻榻米的边缘

被缝上好看的带条布，同时也起到装饰的作用。不过，也有一部分榻榻米是没有边缘的。榻榻米根据尺寸大小分为 2 种类型，一种是长宽比为 2:1 的长方形榻榻米，另一种是长宽比为 1：1 的正方形榻榻米。

（2）畳の歴史　鎌倉時代から室町時代にかけ、書院造[1]が生まれて、部屋全体に畳を敷きつめる使い方に発展しました。それまでは高貴な人や客人のもてなしのためのものでしたが、建物の床材として利用されるようになったのです。しかしそうした使い方も貴族や武士の富の象徴でした。桃山時代、さらに江戸時代に至る中で、数寄屋造[2]や茶道が発展して普及し、徐々に町人の家にも畳が敷かれるようになりました。それでも身分による畳の制限の風習は残り、庶民が使用できるようになったのは江戸時代中期以降のことです。畳師・畳屋と呼ばれる人々が活躍し、畳干しする家々の光景があちこちで見られるようになりました（全国畳産業振興会より）

日本的书院造诞生于镰仓时代到室町时代期间，在整个房间铺设榻榻米，所以榻榻米的铺设方法得以发展。在那之前榻榻米都是招待达官显贵和客人的东西，后来榻榻米逐渐作为建筑物地板材料被广泛使用。但是，这样的使用方法也是贵族和武士财富的象征。在桃山时代，甚至到了江户时代，茶室的构造和茶道使榻榻米得以发展和普及，所以町人的家里也都铺上了榻榻米。尽管如此，根据身份不同，仍然保留着榻榻米的限制等风俗习惯。但是到了江户时代中期以后,老百姓就都可以使用榻榻米啦。被称为"榻榻米师""榻榻米店"的人们十分活跃，家家户户晾晒榻榻米的景象到处都能看得到。

（3）畳の特長　①畳床の中の空気が、高い断熱性と保温性を生みます。榻榻米地板中的空气具有高隔热性和保温性。②優れた吸放湿性で高温多湿な日本の住まいにぴったりです。榻榻米具有吸收和释放湿气的良好性能，适合高温潮湿的日本居所。③弾力性があり、自然の色だから心にも体にも馴染みます。榻榻米有弹性，因为是自然的颜色，所以身体可亲密接触，对身心健

---

[1]　書院造（しょいんづくり）は、日本の室町時代から近世初頭にかけて成立した住宅の様式である。寝殿を中心とした寝殿造に対して、書院を建物の中心にした武家住宅の形式のことで、書院とは書斎を兼ねた居間の中国風の呼称である。その後の和風住宅は、書院造の強い影響を受けている。

[2]　数寄屋造り（すきやづくり）とは、日本の建築様式の一つである。数寄屋（茶室）風を取り入れた住宅の様式とされる。https://ja.wikipedia.org/wiki/より

康有益处。④イグサの香りはリラックス効果抜群で、空気も浄化します。石竹的香味不但具有超群的放松效果，还可以净化空气。⑤吸音・遮音効果があり、足音も気になりません。榻榻米有吸音、隔音的效果，丝毫不必介意脚步声。

　　（4）日本間（にほんま）は、和室とも言います。伝統的な日本風家屋の様式に基づいてつくられた部屋です。ふつう、壁はぬりかべ（塗壁）、床は畳あるいは板敷で、建具は障子・ふすま（襖）を入れ、いすを用いず、床の上に座ります。

　　日本式房间也叫和式房间。是按照传统的日式房屋样式建造而成的房间。一般来说，墙壁是涂壁，地板是榻榻米或板敷，把拉门和隔扇都放进去（如图），房间里不放椅子，可席地而坐。

　　（5）藪入り（やぶいり）は、江戸町人の間で、商家に勤める奉公人たちが、1月と7月の16日に、休暇をもらって、家に帰る休日のことです。

　　薮入（用人一年两次的假日）是江户町人和在商家工作的用人的假日，为每年的1月和7月16日，是请假回家的休息日。

　　　　　　　　　　　　　　畳の出典：http://sasakitatamiten.com/　20200315 閲覧

モデル作文

タタミの留学生活

　　「畳の部屋」は外国人から見れば、日本人がただ靴を脱いで生活する場所だということしか思い浮かびません。私も初めはその一人でした。しかし、だんだんこのことにもっと深い意味があるのではないかと考えるようになりました。

　　畳はソファと違って、一見固そうに見えますが、日本人には実に快適なもののようです。内モンゴルの我が家では、床でちょっとごろ寝するということは不可能です。日本人は畳の上でごろ寝しながら、テレビを見たり、本を読んだり、そこでうとうとしたりすることが日常茶飯事です。だから、毎日満員電車に揺られて会社へ行き、夜遅くまで残業して家へ帰る日本人が靴を脱ぎ畳に座るとき、どんなにホッとすることでしょう。

　　たとえば、昔「やぶ入り」といって、1年にたった2回の休みしか取らない働き蜂であった頃の日本人には、「畳の上のごろ寝」はまさに猫の「伸び」のように、どんなにか疲れた体を楽にさせたことでしょう。ですから、現代の若者の畳の上で生活する時間が減ったことは、昔ほど働き蜂でなくなってきていることを示しているのかもしれません。しかし、現在、次から次へと高層マンションができ、応接間にはテーブルやソファセットやステレオが置かれても、畳の部屋は必ずあり、テレビを見たり、友達が集まったりして寛ぐのは、結局は「日本間」です。日本人の生

活では外国から多くのものを取り入れてきましたが、それをいつのまにか独自のものにしてしまいます。しかし、ますます現代化されていく中でも、畳の部屋及び畳の生活をやめないということは面白い現象であり、伝統の裏付けといえるのではないでしょうか。

　畳は日本人の長い風俗習慣の上で生きています。日本人の生活と切っても切れない畳の長所は、体の寛ぎだけでなく、美的観点からも見逃すことができません。

　ある日、私は茶道を見学に行きましたが、畳の美しさは茶室を通して特に際立っていました。床の間にある季節の掛け軸や、生け花が添えてある簡素さの中に優雅さと調和と平安があり、まさしく日本的な「美」に感動して帰ったのを覚えています。実は、私が初めて日本人の友達の家へ行った時に見たものは、狭い畳の部屋に小さな台所が付いているだけの家でした。「どこで寝るのですか？」と聞いたら押し入れの中の蒲団を見せてくれました。「なんと便利にできているのだろう！」とびっくりしました。内モンゴルではベッドをたたんでしまうことはできません。ある時は食堂であり、居間であり、勉強部屋であり、寝室であるという畳の部屋は、小さな国である日本の生みだした生活の知恵ともいえるのではないでしょうか。また、外国人の目から見た長所の一つとして、掃除がしやすいとか、清潔を保てることなどもあります。そして、部屋の空間も多少広く見えると思います。

　しかし、私と畳との最初の出会いは、当惑と恥ずかしさのうちに終わりました。みなさんもよく知っているように、足がしびれて立てなくなったり、足の臭いや靴下の穴を人に披露しなければなりません。畳にうっかり火のついたタバコを落としたら、消防車の世話にならなければならず、そうしたほんの少しの短所もあると思います。

　畳の生活は日本人にとって、必要不可欠な憩いと落ち着きの場所であり、その畳の生活を理解することは、私たち外国人にとって日本文化と日本人を知る上で、大切なことだと思います。ですから、日本人は今後も「畳」から離れることはできないでしょう。

　今、私もタタミの生活をしています。毎日忙しく勉強しているため、家に帰って横になるのはとても気持ちがいいです。今の私は働き蜂のようだと思います。タタミの生活も好きになってきました。いろいろと体験してから、日本人がタタミを愛する気持ちが本当によく分かりました。今度、国に帰ったら、タタミの部屋を創りたいと思います。ただ、私の故郷は雪国なので、ふさわしくないかもしれません。しかし、日本の文化が好きですから、留学生活のシンボルとして、タタミ部屋を創れるようにがんばります。

実践

　このモデル作文は作者が日本の広島に留学した時の 2002 年夏に、女子留学生のコンクールのために書いたものです。つまり、長い間、畳の留学生活に関して実際に経験したことを思ったままに書いてみました。嬉しいことに特別賞を受賞し、2万円分の図書券をいただきました。

　次に、考えながらこのモデル作文を読み直してみましょう。恐らく、自分の生活体験や思い出がたくさんあるのではないかと思います。あなたが一番心に残っていることを、このテーマに沿って、書いてみましょう。

　このモデル作文から学んだ語句や文型をたくさん使い、あなたの『留学生活』『面白かったこと』『心に残ったこと』などを書いてみましょう。（1000字）

出典：https://www.istockphoto.com/jp/たたみのイラストより 20210321 閲覧

4.9　私のふるさとを紹介する

ポイント

①私のふるさとを誰に紹介したいか。
②紹介したいことをさまざまな面から考え、書きたいことを絞って書く。
③短文の繰り返しが多くならないように、適切に文と文をつなぐように。

アウトラインを考えよう

・ふるさとの位置、気候、風景
・特色のある食べ物と飲み物
・有名な観光地・特産品
・歴史上の人物や有名人
・特別な習慣、方言があるなら例を挙げる
・自分が一番好きなところ
・その理由

関連語句

位置　時差　伸びる　面積　漢民族　居住(きょじゅう)　地域　海抜　気温　気候　文物
降水量　激しい　風力発電　和らぐ　砂漠　ハイキングツアー　内モンゴル
観光地　宗教　史跡(しせき)　政府　政治　経済　文化　都市　特産　農業　産業
豊富　楽器　音色　歴史　人物　世界　食べ物　大学　自然　体感　全地域
成立する　使用する　占める　最適　嫁ぐ　〜と接している　モンスーン
〜がいくつある　〇月から〇月にかけて　〜に知らせる　〜と思う　当日
〜が建てられる　楽器　馬頭琴　縁起　〜を感じさせる　音色　〜として
〜が増えつつある　〜をはじめ

モデル作文

私のふるさとを紹介する
― 内モンゴル ―

　内モンゴルは中国の西北に位置している。1947年、内モンゴル自治区人民政府が成立した。地形は東西(とうざい)に長く伸びており、時差は東と西では4時間も違うが、全地域で北京時間が使用されている。北はモンゴルやロシアと接している。面積は日本の約3倍であり、人口は2539.6万人である（2019年の統計による）。そのうち、漢

民族が人口の80％以上を占め、その他、モンゴル族、回族、満洲族、朝鮮族などが居住している。用いられる言語は、公用語の中国語とモンゴル語であり、漢民族は地域によって様々な方言を話している。

海抜が高い内モンゴルは温帯性のモンスーン（季风）気候に属している。極度に少ない降水量と激しい気温の変化が特徴である。冬は凍るほど寒くてとても長く、時によっては半年を超すほどである。そのうち、1月が一番寒い。風が強いため風力発電を始めた地域がいくつかある。一般的に言えば、内モンゴルを旅行するのには秋が一番良い季節である。特に8月から9月にかけては気温も和らいでおり、砂漠のハイキングツアーに行くには最適である。

有名な観光地はいくつかある。内モンゴル自治区の全国重点文物保護単位であるオルドス（鄂尔多斯）市の成吉思汗陵とウランホト（乌兰浩特）市の成吉思汗廟は世界的に知られている。実は草原だけではなく市内観光も楽しめる。毎月旧暦の15日にはラマ（チベット修行僧）が多く集まるため、当日見に行くことができれば、チベット仏教の雰囲気を体感することもできる。また、フフホト市内には、清真大寺、昭君墓などの史跡もある。昭君が異国へ嫁いだ60年間、漢と匈奴はずっと平和を保ち、匈奴の領土内では経済も文化も発達した。このために王昭君は各民族の人々から尊敬を受けている。それから、史跡以外にも、博物館、競馬場、公園、広場があり、市政府近くの如意広場では、夏の夜に噴水と光のショーもあり、多くの人が集まっている。

フフホトはモンゴル語で「青い城」を意味する。ここは、内モンゴル自治区の区都であり、政治、経済、文化、科学技術、教育、金融の中心である。フフホト市は41の民族が共に集まり住む都市で、濃厚な民族の特色が感じられる長城の外にある歴史文化都市である。1987年10月、フフホトと愛知県岡崎市は姉妹都市提携をした。1995年4月、大阪内モンゴル友好協会が設立され、2004年2月には、北海道内モンゴル友好協会も設立した。

特産品が豊富であり、農業、畜産業を主要な産業として、鉄鋼業、林業なども盛んである。主要な農作物はソバで、日本に輸出されている。ブドウ栽培とワイン製造を始めた地域もある。豊富な石炭と天然ガスのほか、希土類の生産量は中国一

となっている。最西部には、1958年に中国で初めて設立された衛星打ち上げ基地の一つ、衛生発射中心がある。

　有名な楽器である馬頭琴はモンゴル語ではモリン・ホール、馬の楽器と呼ばれている。モンゴルでは古くからモンゴル民謡の伴奏のために用いられてきた。もちろん今でもモンゴルの人は馬頭琴が大好きである。馬頭琴はとても縁起のよい楽器と考えられている。独特の乾いた音色、郷愁を感じさせる音色で、日本でもファンが増えつつある。最近は「天辺」[1]という歌とダンスが大人気である。

　チンギス・カンは歴史的な人物として世界的に知られている。中世モンゴルの英雄であり、モンゴル帝国の建国者でもある。有名な食べ物はたくさんあり、代表的なのはチャナサン・マフ（蒙古手把肉）、羊の丸焼き、羊肉の串焼き、羊肉のしゃぶしゃぶなどで、モンゴルラバダ（炒米；蒙古米）と小麦粉は主食としてよく食べられている。そのほかには、ヨーグルト、チーズ、バターなどがあり、有名な飲み物はミルクティー、馬乳酒、草原白、悶倒驢（酒の名）である。

　有名な大学は内モンゴル大学をはじめ、医科大学、科学技術大学、民族大学、農業大学、工業大学、師範大学などである。

　私が一番好きなのは草原の自然風景と人文文化である。なぜなら、面白いし、他の所ではなかなか見られないからである。

実践

　このモデル作文は、作者のふるさとである内モンゴル草原のことを書いたものです。「である体」で書きました。2017年の秋、学生への作文の授業を担当した際に書いたモデル文章で、ちょっと長かったかもしれません。しかし、本当にものを書くのは楽しいと思います。

　このテーマについて「話す」「調べる」「まとめる」など、「書く」前段階の準備をしましょう。

　短いモデル文を「読む」作業では、構成要素を入れ換える代入練習も可能なため、インタビューやスピーチ等をやってみましょう。グループごとに60秒間のスピーチや発言も行ってみましょう。

　次に、このモデル作文から学んだ語句や文型をたくさん使い、このテーマに沿って、作文を書く作業を始めましょう。

---

1 《天边》是布仁巴雅尔演唱的一首歌曲，这首歌曲收录在同名专辑当中。布仁巴雅尔（1960—2018），出生于内蒙古自治区呼伦贝尔市新巴尔虎左旗，中国内蒙古族男歌手，毕业于内蒙古艺术学院。

あなたの『紹介したいふるさと』のアウトラインを構成して書いてみましょう。
（1000〜1500字）

イラストの出典：ttp://www.5671.info/hh/image/3445536158/ 20210110 閲覧

4.10　手紙とラブレター

4.10.1　手紙

ポイント

①始めのあいさつをする。
②自分の居場所を紹介する。
③別れを告げる語句を入れる。

関連語句

ひさしぶり　海南島　中国の南　位置　海に囲まれる　景色　商業　海口
中心地　大学のキャンパス　省都　通う　北端　隔てる　半島　年中　亜熱帯
気候　平均気温　ぐらい／くらい　一年中　暖かい　熱帯果物　湿度　豊富
トロピカル・フルーツ　野菜　自然環境　ココヤシの木　咲く　市場　ピンク
赤色　付く　うまい　調理　～すれば　おいしそう　言語文学　芸術　それぞれ
分野　学部　いっぱいある　素敵　図書館　風味食堂　便利　スポーツセンター
コンピュータ／コンピューター　勉強する　料理　親切　やさしい　厳しい
友達と一緒に　校外　レストラン　食事をする　広場　最近　クラスメート
おしゃべりする　よろしく伝える

モデル作文

恩師への手紙

岩井先生
　こんにちは。
　お久しぶりです。お元気でしょうか。
　私は元気です。今、海南島にいます。海南島は中国の南に位置しています。この島は海に囲まれていて、自然の景色がとてもきれいです。大学のキャンパスは海南島の文化や政治、経済や商業の中心地である海口市にあります。海口は海南省の省都です。
　私が勤めている大学は海南師範大学です。この大学は海南島の北端に位置し、瓊州海峡を隔てて雷州半島に面しています。亜熱帯気候で、年間の平均気温は25度ぐらいなので、一年中暖かく、湿度も高いです。

特に、トロピカル・フルーツがとても豊富で、名前の分からない熱帯果物や野菜が多いです。自然環境はとても豊かで、どこに行ってもココヤシの木があるし、いろんな種類の花がたくさん咲いています。大学の近くの市場に行ってみると、ピンクや赤やみどりなど様々な色の魚がたくさん売っています。もし、これらの魚をうまく調理できればきっとおいしいですよ。

　海南師範大学には、言語文学、数学、芸術、外国語、生物、物理、化学、体育、経済などそれぞれの分野があり、全部で20学部以上あるようです。キャンパスの中には、ココヤシの木がいっぱいあります。

　大学では、素敵な図書館やコンピュータ演習室、スポーツセンター、風味食堂、スーパーなどがあり、とても便利です。私は外国語学部で日本語を教えています。先生方は親切で、やさしいです。しかし、仕事は毎日忙しいです。大学の食堂の料理はいろんな種類があり、おいしいと思います。たまに、友達と一緒に校外のレストランで食事をすることもあります。

　私が一番好きなところはキャンパスのココヤシ広場です。そこにはココヤシがいっぱいあります。たまに、散歩をしたり、本を読んだり、生徒とおしゃべりをしたりするのです。とても楽しいことだと思います。

　先生、最近はいかがでしょうか。これからだんだん寒くなりますが、くれぐれもお体を大切になさってくださいね。奥さまにどうぞよろしくお伝えください。

ソウ　シュンレイより
2020年秋

実践

　このモデル手紙は恩師への手紙です。作者が国に戻った後、自分の勤めている大学について書いてみました。もう一度読み直したうえで、学んだ語句や文型を使い、あなたの「恩師／先生、友達」の中から一人選び、手紙を書いてみましょう。（400〜800字）

　★手紙を書くときに注意すること★
　☆初め：①相手の名前、②はじめのあいさつ、③相手の様子をたずねる。
　☆なか：①自分の様子、②生活、仕事、③感じたことなどを自由に書く。
　☆結び：①結びの言葉、②年月日、③自分の名前を忘れないように。

4.10.2 ラブレター

ポイント

①簡単な自己紹介を忘れずに。
②相手のことを気遣う言葉を入れる。
③文章量が多すぎないように。

関連語句

モデル作文（一）

突然　手紙　仕事　お疲れ様　村上（人名）　元気な笑顔　見ると　最近
疲れが吹き飛ぶ（消除疲労）　一番近く　ずっと　見ている　付き合う
～と思うようになる　～てくれる　お返事　寒くなってくる　風邪を引く
～ないように

モデル作文（二）

驚かせる　～してしまう　青木（人名）　先日　お仕事　ご一緒に　楽しい
助ける　～て頂く　吉田（人名）　よろしければ　お付き合いする　体調
インフルエンザ　流行っている　～ているそう　～なので　実　いつも
お気をつけてください

モデル作文（三）

留学生　びっくりさせる　好き　～だけ　元気が出てくる　そばにいる
ほかのものは何もいらない（別的什么都不要）　僕　～にとって　一番大切
笑顔を守りたい　よかったら　～を聞かせる　～てくれないか　星のように
側に居続けたい（想一直呆在你身边）　期待　～している

モデル作文（一）

男性の書いたラブレター

　突然手紙を出してごめん。仕事お疲れ様です。白井です。いつも元気な笑顔の君を見ると、疲れが吹き飛ぶよ。最近そんな君の笑顔を、一番近くでずっと見ていられたらいいなと思うようになりました。君のことが好きです。付き合ってくれませんか？
　お返事待ってます。最近寒くなってきたので、風邪をひかないようにね。

モデル作文（二）

女性の書いたラブレター

　驚かせてしまってごめんなさい。ユミコです。先日はお仕事をご一緒できて楽しかったです。いつも仕事で助けて頂き、ありがとうございます。実は私はこれからもずっとヒロシさんの近くにいたいなと思っています。よろしければ私とお付き合いしてくれませんか？
　お返事を待っています。インフルエンザが流行っているそうなので、ヒロシさんも体調にはお気をつけ下さい。

モデル作文（三）

留学生の書いたラブレター

　突然の手紙でびっくりさせてごめん。ずっと前から君のことが好きだった。君の笑顔を見るだけで、元気が出てくる。もし君がずっとそばにいてくれるならほかには何もいらない。君は僕にとって一番大切な人だ。本当に君の笑顔を守りたい。ずっと僕だけの笑顔でいてほしい。よかったら、君の気持ちを聞かせてくれないか。僕は星のようにずっと君の側にい続けたい。
　本当におどろかせてごめん。でも、これが僕の本当の気持ちなんだ。いい返事を期待してる。

実践

　まず、映画『Love Letter』とドラマ『東京ラブストーリー』を見てみましょう。『Love Letter』（ラヴレター／ラブレター）は、1995年に公開された日本映画で、主演は中山美穂と豊川悦司です。『東京ラブストーリー』は、柴門ふみによる日本の漫画です。1988年から小学館『ビッグコミックスピリッツ』（全4巻）で連載、ビッグスピリッツコミックスより刊行されました。サラリーマンの永尾完治と同僚の赤名リカの関係を中心に、東京に生きる若者たちの姿を描いています。キャッチコピーは、「東京では誰もがラブストーリーの主人公になる」で、略称として『東ラブ』と呼称されることもあります。せめてこれらを一回は見るようにしましょう。（https://ja.wikipedia.org/wiki/より）
　では、あなたの愛の告白はどんな感じですか。あなたの『海南島ラブストーリー』を構想してみませんか。いつの日か書きたい気持ちになるかもしれませんよ。
　次に、モデルラブレターを読み直したうえで、学んだ語句や文型を使い、あなたの「恋人への手紙」や「ラブレター」を書いてみましょう。（200字）

4.11　物語をかたる

物語って何？

　物語（ものがたり）とは、主に人や事件などの一部始終について散文あるいは韻文で語られたものや書かれたもののことを指す。また「story/ストーリー」という語の訳語として用いられる。

ポイント

　①登場人物のキャラクターから考えていけば、ドラマが生まれる。从出场人物的角色考虑的话，电视剧就诞生了。
　②登場人物のキャラクターから「リアクション」「セリフ」「アクション」を考える。从出场人物的角色中考虑"表情""台词"和"演技"。
　③登場人物のキャラクターによって「リアクション」「セリフ」「アクション」は変わる。根据出场人物角色的不同，"表情""台词"和"演技"也会发生变化。

　　　　　　　　　　https://www.scenario.co.jp/online/21585/より 20200310 閲覧

関連語句

昔あるところ　まずしい　おじいさん　おばあさん　寒い雪の日　帰り道　放す
たきぎ（薪）　売りに行く　わなにかかる（套上了活捉动物的套子）　苦しむ鶴
見つける　可哀そう　～てあげる　気を付ける　逃がす　何日　雪の夜　叩く
戸を開ける　～てみる　娘が立つ　道に迷う　頼む　一晩泊める　たいへん
暮らすようになる　機を織る（织布）　早くから　遅くまで臨む　一羽の鶴
戸を閉める　一反の布　一反（織物や面積などの単位）　高く売れる最後
みすぼらしい（难看的）　鳴く　飛んでいく　抜く

語句の解釈

（1）すると（接続詞）　于是、那么说、这么说。
　　1.続いて起こる事柄を表すのに用いる。そうすると。
　　　ex.すると突然まっ暗になった。
　　　　　于是突然变暗了。
　　2.前の事柄から判断した結果を導く。それでは。
　　　ex.すると君は知っていたのか。
　　　　　那么你是知道的啊？
（2）けっして…ない（副詞）　絶対（不）、断然（不）、決不。

ex. けっしてそこに行ってはならない。
　　絶対不能去哪里。
ex. ご恩はけっして忘れません。
　　您的恩情决不会忘。
（3）〜てしまう（接续词）　动词"て形+しまう"表示动作、作用全部结束。有时表示彻底完结，无可挽回，表示感到遗憾的心情。
ex. しまった。作文の宿題を忘れてしまいました。
　　糟了！忘了作文作业了。
ex. 不要な書類は全部捨ててしまいましょう。
　　没用的资料就全部丢掉呗。

モデル物語

鶴の恩返し

製作　国際デジタル絵本学会　　文　馬渕　悟
提供　国際デジタル絵本学会　　絵　北井　りか

　昔、あるところに、まずしいおじいさんとおばあさんがいました。
　ある寒い雪の日、おじいさんが町へたきぎを売りに行っての帰り道、わなにかかって苦しんでいるツルを見つけました。
　「おやおや、かわいそうに、さあさあ、はなしてあげる。これからは、気をつけるんだよ」
　かわいそうに思ったおじいさんは、ツルをにがしてあげました。

　何日かした、雪の夜、おじいさんの家の戸をトントンとたたく音がしました。
　おじいさんが戸を開けてみると、一人の娘が立っていました。
　「雪で道にまよってしまいました。どうか一晩とめてください」
　「それは、たいへんだったね。さあ入ってお休み」
　その日から、娘はおじいさんの家でくらすようになりました。

　ある時、娘は言いました。

「おじいさん、おばあさん、私に はたをおらせてください。でも、どうか私がはたをおるところは、けっして見ないでください。」
「トントンカラリ、トンカラリ、トントンカラリ、トンカラリ」
　朝も早くから夜おそくまで、その日から、娘は部屋の戸をしめきって、はたをおりました。
　そして、何日かして娘は、一反(いったん)の布をもって、部屋からでてきました。
　それは、とてもとても美しい布でした。
「おじいさん、これを町へ持っていって売ってきてください。きっとたくさんお金がもらえますよ」
　おじいさんが、町へそのたんものを持っていって売ると、あまり美しい布なので、たいへん高く売れました。喜んだおじいさんとおばあさんは、また娘に布を織ってくれるようにたのみました。

　数日後、娘は疲れた顔をして、部屋から出てきました。
「もう、これきりですよ」
　娘はそう言いましたが、布を高く売ったおじいさんとおばあさんは、また、娘に布を織ってくれるように頼みました。
「ほんとうに、これが最後ですよ」
「トントンカラリ、トンカラリ、トントンカラリ、トンカラリ」
　娘がはたをおる音を聞きながら、おじいさんとおばあさんは思いました。
「どうして、あんなに美しい布を織れるのだろう。ちょっとのぞいてみよう」
　娘が、けっして見ないでくださいと言ったのをわすれて、二人は部屋をのぞいてみました。
　すると、どうでしょう。
　一羽のツルが、自分の羽を抜いてはたを織っているではありませんか。
　おじいさんとおばあさんは、おどろいて戸をしめてしまいました。
　次の日、娘は一反の布をもって部屋から出てきました。
「おじいさん、おばあさん、あんなに言ったのに、私のすがたをみてしまいましたね。私は、おじいさんに助けられたツルです。でも、すがたを見られたので、もういっしょにくらすことはできません。どうかお元気で」
　娘はそう言うと、ツルのすがたにもどりました。あちこちの羽が抜けた、みすぼらしいすがたのツルでした。
　そして、一声「ケーン」と鳴くと、飛んでいってしまいました。

--おしまい--
2007年5月4日に文字化。in 広島

第4章　身近なトピックと実践

中国語訳文

仙鹤报恩

马渊 悟（著）　北井 りか（絵）

很久很久以前，有一个地方住着一位老爷爷和一位老奶奶，他们很贫穷。

在某一个寒冷的下雪天，老爷爷去城里卖柴回来的路上，发现了一只被鸟套套着很痛苦的仙鹤。

老爷爷自言自语："唉哟、唉哟，好可怜啊。我给你解开吧，今后可得多加小心哦！"老爷爷想着仙鹤可怜的样子，就把仙鹤放走了。

过了几日之后，在一个下雪天的夜晚，老爷爷的家门突然响起了咚咚的敲门声。老爷爷打开门一看，门口站着一位小姐姐。

小姐姐说："下雪天我迷路了。请让我在你们家住一宿好不好？"

老爷爷说："这可真够你受的。来来，快进屋休息吧。"

从这天开始，小姐姐就住在老爷爷家里了。

有一天，小姐姐对老爷爷和老奶奶讲：

"爷爷、奶奶，请让我织布吧。但是，我在织布的时候，爷爷、奶奶绝不许看哦。"

"咚咚咔叽、咚卡拉利、咚咚咔叽、咚卡拉利……"

从那天开始，小姐姐关上房门，从清晨到深夜一直在织布。

这样，一连过去了好几天，小姐姐抱着一匹布从屋子里走了出来。是非常非常漂亮的一匹布。小姐姐对老爷爷讲："爷爷，请把这匹布拿到城里去卖吧，肯定会卖个好价钱的。"

老爷爷把布匹拿到街上去卖，因为布匹太漂亮了，所以卖了个很高的价。喜出望外的老爷爷和老奶奶再次恳求小姐姐继续为他们织布。

又过了好几天，小姐姐满脸疲惫地从房子里走了出来。

小姐姐对老爷爷和老奶奶说："就这些了啊。"

小姐姐虽然这样说了，但是把布卖到高价的老爷爷和老奶奶，还是一再恳求小姐姐给他们织布。小姐姐又无奈地说："真的，这是织的最后一匹布了。"

"咚咚咔叽、咚卡拉利、咚咚咔叽、咚卡拉利……"

老爷爷和老奶奶一边听着小姐姐的织布声，一边在想着，"怎么能织出那么漂亮的布呢。我们悄悄地瞄一眼呗。"此时，老爷爷和老奶奶把小姐姐讲的决不能看的话给全忘了，所以二人就往屋子里瞄了一眼。

那么，究竟是什么样的情况呢？

原来是一只仙鹤拔着自己的羽毛在织布啊！老爷爷和老奶奶非常吃惊、然后悄悄把门给关上了。

第二天，小姐姐抱着一匹布从屋子里走了出来。并对老爷爷、老奶奶说：

"爷爷奶奶，我都那样和你们说过了，你们还是看到了我的样子。我就是被爷爷救的那只仙鹤。但是，我的样子被你们看到了，我就不能和你们一起生活了。爷爷奶奶多保重！"

小姐姐说完，现出了仙鹤的原型。

由于仙鹤拔光了全身的羽毛，所以成了一只很丑的仙鹤。于是，仙鹤长鸣一声飞走了。

演習：『鶴の恩返し』のあらすじをまとめましょう

『鶴の恩返し』のあらすじをマインドマップで描いてみましょう。

（1）**マインドマップって何？** マインドマップ（mindmap）とは、トニー・ブザンが提唱する思考の表現方法です。頭の中で考えていることを脳内に近い形に描き出すことで、記憶の整理や発想をするものです。

マインドマップは、自分の考えを絵で整理する表現方法です。脳の思考を開放す

るといわれている「放射思考」に基づいて考案された、従来とは全く違うノート術・発想術のことです。1枚の紙の上に、表現したい概念（テーマ）をキーワードやイメージで中央に描き、そこから放射状に連想するキーワードやイメージを繋げていき、発想を広げていきます。

思维导图是托尼・布赞倡导的一种表达思想的方式，即用图表来表现大脑思考和产生想法的过程，以便整理记忆，理清思路。

（2）**トニー・ブザン**（Tony Buzan，1942—2019）は、ロンドン出身。イギリスの著述家で、教育コンサルタント（顧問）であり、マインドマップの考案者として知られています。

マインドマップは簡単に言うと、情報整理をするための手法で、表現しようとする概念を中心としています。その概念の中心によって放射状にキーワードやイメージを繋げながら広げていきます。中国語で言えば、「思维导图」と言います。すなわち、「有效的思维模式，应用于记忆、学习、思考等的思维"地图"，有利于人脑扩散思维的展开」ということです。

実践

このモデル物語はおもしろかったでしょう。

まず、このモデル物語を読み直してみましょう。それから、このテーマについて「話す」「調べる」「まとめる」など、「書く」前段階の準備をしましょう。

短いモデル文を「読む」作業では、構成要素を入れ換える代入練習も可能なため、インタビューやスピーチ等をやってみましょう。

とりあえず、インターネットを上手く利用し、それぞれの物語を探してみてください。それから、グループごとに物語を語ってみましょう。

次は、自分で「物語」のようなものを自由に考えて執筆しましょう。フィクションでもかまいません。せっかくのチャンスですから、日本語で物語を作ってみましょう。

第5章　コメントとフィードバック

5.1　自分のコメント

5.2　フィードバック

5.3　作文力の評価

5.1 自分のコメント

日本語での作文作成について自分のコメント

1. 自分にとって得たものは何？

2. 自分にとって足りないものは何？

3. 自分がどのような目標に達したか？

4. その他（自由に）

5.2　フィードバック

　ここでフィードバック[1]の気持ちで全体の学習内容をチェックしてみましょう。作文を作成することについてわかりやすい文章を上手に書くことができましたか？もしできなかったなら、そのワケを語ってみましょう。

---

1. 今回の目標は達成できましたか？

2. わかりやすい文章を上手に書くことできました。その理由は、

3. わかりやすい文章を上手に書くことができませんでした。その理由は、

4. 将来の目標は、

5. 先生と後輩へのアドバイスは、

---

[1] フィードバック（feedback）通常译为"反馈"。ex. 消费者の声を生産者にフィードバックする。将消费者的诉求反馈到生产商。

5.3 作文力の評価

作文の評価シート

質的側面

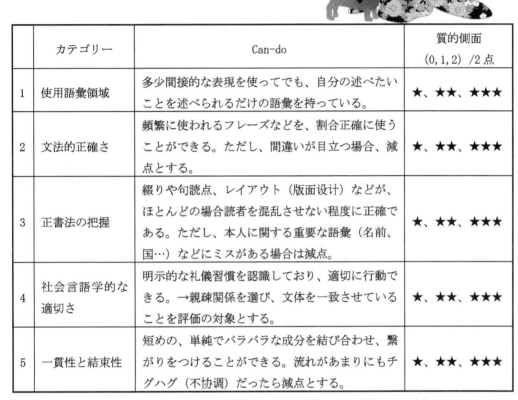

	カテゴリー	Can-do	質的側面 (0, 1, 2) /2点
1	使用語彙領域	多少間接的な表現を使ってでも、自分の述べたいことを述べられるだけの語彙を持っている。	★、★★、★★★
2	文法的正確さ	頻繁に使われるフレーズなどを、割合正確に使うことができる。ただし、間違いが目立つ場合、減点とする。	★、★★、★★★
3	正書法の把握	綴りや句読点、レイアウト（版面設計）などが、ほとんどの場合読者を混乱させない程度に正確である。ただし、本人に関する重要な語彙（名前、国…）などにミスがある場合は減点。	★、★★、★★★
4	社会言語学的な適切さ	明示的な礼儀習慣を認識しており、適切に行動できる。→親疎関係を選び、文体を一致させていることを評価の対象とする。	★、★★、★★★
5	一貫性と結束性	短めの、単純でバラバラな成分を結び合わせ、繋がりをつけることができる。流れがあまりにもチグハグ（不協調）だったら減点とする。	★、★★、★★★

評価基準：★★★できた（2）、★★ある程度できた（1）、★困難だった（0）。

自分の作文の質では次のようなことをチェックしましょう。

1. 文字や単語の間違いはないでしょうか。
2. 原稿用紙の使い方は正しいでしょうか。
3. 句読点を打つ位置は適切でしょうか。
4. 主語と述語がきちんと対応しているのでしょうか。
5. 長すぎる文はないでしょうか。
6. 話のつながりが可笑しなところはないでしょうか。
7. 日本語の基礎文法についてミスがあるでしょうか。

第6章　バイリンガルの書き物と読み物

6.1　バレンタインとチョコ

6.2　わたしと広島と日本人

6.3　中国国民から新型コロナウイルス君への手紙

6.4　絵本

6.5　コミュニケーションとは？

バイリンガルって何？

バイリンガルとは、辞書によると、2つの言語を流暢に話すことです。あるいは、2か国語で書かれていること、または話されていることです。

第6章は、作者が読者のために作文を書く力と読む力のアップを願って付け足したものです。バイリンガルの書き物と読み物について、生活や文学に関わるものを優先に考えてみました。ここでは『バレンタインとチョコ』『わたしと広島と日本人』『中国国民から新型コロナウイルスへの手紙』『スーホの白い馬』『コミュニケーションとは？』という5つの作品を挙げてみます。読者はこれらを読んだあと、何かのヒントが得られるかも知れません。そして、その場で日本語で何かを書きたいという気持ちになってくれればいいなあと願っています。考え方やヒントを得ることは何より大切なことだと思います。

6.1　バレンタインとチョコ

バレンタインとチョコ（情人节与巧克力）はエッセーの形で作者が書いたものです。日本語への翻訳は武漢理工大学外国語学部の神田英敬先生です。

「エッセー」って何？

エッセイ（仏 essai）、エッセー（英 essay）とは、身の回りに起こったことや体験、事象、意見や感想、見聞や日ごろ思う事柄などを、筆のおもむくまま、自由な形式で書き記した文章のことです。「随筆」や「随想」とも呼ばれます。随筆とは、文学における一形式で、作者の体験や読書などから得た知識をもとに、それに対する感想、思索、思想をまとめた散文です。「essai」の原義は「試み」であり、「試論（試みの論文）」という意味を経て文学ジャンルとなりました。

"エッセー/essai"〔德语 essai，英语 essay〕指将体验、事件和现象、意见、感想、见闻和日常所想的事情等信笔拈来，以自由的写作形式记录下来的文章，也称之为"随笔"或"随想"。随笔是文学作品的一种书写形式，是以作者的体验和阅读等获得的知识为基础，总结感想、情绪和思想的散文。"essai"的原意是"尝试"，经过"尝试之文论"的意思而成为一种文学体裁。

バレンタインとチョコ

神田　英敬〔日本語訳〕

バレンタインデーは、若者の間で盛り上がる愛と甘さに満ちたロマンチックな祭日です。

　2014年のバレンタインは、偶然にも中国の伝統的な祭日である元宵節と同じ日にあたり、太陽暦と太陰暦が一致した珍しい日となりました。今はちょうど夕方です。屋外では次々と爆竹の音が鳴り響き、止む気配もありません。インターネットを開いてみると、目に入るのはバラの花束かチョコレートばかりです。喜びや甘い雰囲気に満ちているのは言うまでもありません。「今日は雪が降ったよ」という草原にいる主人から来たショートメールには、ねぎらいの気持ちがあふれています。今日は私が楽しみにしている「CCTV元宵晚会」という特番も放送されます。バレンタインというのは、何か忘れていたことをしばしば思い出させてくれるものでもあります。

　2008年1月の冬休み、私は海口から大阪経由で広島まで飛び、息子に会いに行きました。そこで一ヶ月ほどのパラダイス生活を楽しむと同時に、広島に住む友人、あるアマチュア作家を訪ねたのです。2月12日、久しぶりに友人と再会して夕食を共にした時、通りはバレンタインの雰囲気であふれていました。あの時、有名なデパートである「そごう」の一階が客でごった返していたのを覚えています。誰もが先を争って、自分が好きなチョコを買おうとしていたのです。しかも、若い女性ばかりです。バレンタインの期間中、日本ではデパートであろうか、普通の店であろうか、チョココーナーが設けられます。毎年、新作が登場するだけでなく、チョコの形もいろいろあります。かわいいの、かっこいいの、普通の…と、詩的でロマンチックな色合いに満ちています。一目見ただけで思わず買いたくなってしまう上、実際おいしくてきれいなのです。この時期は、各店舗が売り上げを競う絶好の機会でもあります。

　私の知る限り、日本では女の子が男の子にチョコをプレゼントするケースがほとんどです。バレンタインの日には、恋人がいる人もいない人も、男性なら素敵なチョコが一つ、あるいはもっともらえるのです。もちろん男性たちはこの時、素敵なチョコがもらえるのを楽しみにしています。会社では、「おい、お前、チョコいくつもらった？」という会話が、男性社員の間でしょっちゅう起こるようです。多い人は2つ以上と答え、その顔は喜びと自信に満ちています。では、恋人同士でもない女性から、どうしてチョコをもらえるのでしょう？こうしたチョコのことを、日

本では意義あるチョコなどと呼んでいます。

　つまり友情のチョコレートです。友情のチョコとは何でしょう？

　私が思うに、「友情のチョコ」とは、人とのつきあいにおける日本人の礼儀の形式あるいは特徴を体現したものです。それは好きという意味を全く含まないチョコで、日本語では「義理チョコ」と呼ばれます。「義理チョコ」の場合、3月14日のホワイトデーにお返しをしなければならないということはありません。

　バレンタインはもともと、若い女の子が若い男の子に好きな気持ちや憧れの気持ちを告白する日です。今でもこれは、日本で主流を占めています。しかし、日本では「告白」以外に、「感謝」を示す場合も多いのです。例えば、男性の指導教員、上司、クラスメート、異性の同僚、友人といった具合です。さらに家族の中では父親、兄弟、夫なども当てはまります。つまり皆、感謝の対象なのです。この一年、彼らにお世話になったことに感謝するのです。したがって、この日、女性はこの一年自分がお世話になった男性に、感謝の気持ちを込めてチョコレートを贈る習慣があり、故に「友情チョコ」と呼ばれています。

　つまり、日本のバレンタインチョコには二つの特徴があります。一つは好きな気持ちを語るチョコです。日本語では「本命チョコ」と言い、「恋愛チョコ」の意を持ちます。もう一つは感謝のチョコです。日本語では「義理チョコ」と言い、「友情チョコ」という意味です。そして、ここ数年はバレンタインの日になると、女性同士で互いに「友情チョコ」を贈り合うケースも見られることから、友情チョコ（義理チョコ）は、日本では欠かせない一種の社交マナーとして、すでに文化的習慣になっているのかもしれません。

　バレンタインの日、男性諸君はこうした「義理チョコ」をもらった時、当然それが義理チョコであることは分かっていますが、嬉しそうに受け取るのです。既婚の男性の場合、その「義理チョコ」をあえて持ち帰って奥さんに見せ、自分が会社でいかにもてるか自慢するそうです。

　日本に留学していた時、私もマナーとしてのチョコを買い、いつもお世話になっていた人、例えば恩師、中国語の学生たち、私の息子などに贈ったものです。年を重ねると共に、こうした欧米の祭日を自然と遠ざけるようになったものの、やはりこのロマンチックな雰囲気に満ちた祭日が好きです。実はチョコレートは私の大好物です。国内にいても同じように、お世話になった友人たちにチョコを買って贈るようにしています。ただ、この時は祭日だとか性別だとかは考えていません。

　2008年2月13日、私は海南島へ戻り、翌14日に海口市のバレンタインの光景をこの目で見ることになります。こうした欧米の祭日がまさか中国でここまでにぎやかに祝われているなど、帰ってくるまで想像すらしていませんでした。ただ、同じ祭日でも習慣は異なるもので、文化が違えばそこに現れる形式も国によって変わってくるようです。海口のバレンタインでは、どこの花屋でもバラの花が売られ、し

かもきれいに包装されています。特に夜になると、大通りには男女の若いカップルが次々と姿を現していて、手をつないだり、キスをしたりしている者もいます。比較的にぎやかな通りでは、バラの花が売られており、どれも赤いバラ一色です。この時、男の子は何のためらいもなく、きれいに包装されたバラの花を買い、甘く幸せに満ちたほほえみと共に、隣にいる女の子にプレゼントするのです。女の子の恥ずかしそうな顔は、この祭日独特のもやもや感を一層引き立ててくれます。花を受け取った女の子は、優しさに満ちた声で「ありがと、親愛なる君」とそっとつぶやくのです。そして女の子は習慣的に鼻の前へと花を持っていき、香りを嗅ぐわけですが、この習慣的動作は世界共通のもので、国境はないようです……。この日、私は多くのこういった光景を目にしているうちに、突然、中国では男の子が女の子にバラの花を贈るものなのだと知ったのです。

　「バレンタイン」のこの日は、花屋だけでなく、大学のキャンパスから会社の入口まで、にぎやかなところならどこでもバラの花が売られています。一本のバラ、つまり一輪のバラの花が一番安くても15元くらいはしますが、彼らが売っているのは、場を盛り上げるための雰囲気なのです。それでも、買う人は後を絶ちません。バレンタインの男の子たちは覚悟を決め、好きな女の子に自分の気持ちを贈りたいのです。したがって、中国でバラの花をもらった女の子にしろ、日本でチョコをもらった男の子にしろ、相手のことが好きであろうがなかろうが、心から「ありがとう」と言うべきなのです。だって「バレンタイン」なんですから。

　「テレビの前の視聴者の皆さん、こんばんは」と、女性の透き通った甘く高い声が私を現実へと引き戻します。今日は2014年の元宵節です。CCTVが生放送する「元宵晩会」には、中国伝統の文化的雰囲気が色濃くあふれています。しかし、今日はバレンタインデーでもあり、異国のロマンチックな雰囲気にも満たされています。
（2014年初春　椰子の街にて）

情人节与巧克力

曹春玲〔作〕

　　情人节对年轻人来说是个比较热闹，且充满了爱和蜜的浪漫节日。2014年的情人节和中国传统节日元宵节刚好在同一天，阳历和阴历难得如此巧合。此时正值傍晚，户外的鞭炮声此起彼伏，声声不断。打开网络，映入眼帘的除了玫瑰花就是巧克力，这种喜庆、甜蜜不言而喻。来自草原"今天下雪"先生的短信充满了关爱。今天还有我很期待的CCTV元宵晚会。情人节也常常让我想起一些往事。

　　2008年1月的寒假我从海口直飞大阪，

转乘到广岛去看望儿子。在那里暂住了一个月的时间,在享受天伦之乐的同时也看望了在广岛的友人,一名业余作家。2月12日和好久未见面的友人一起去吃晚饭,在大街上感到情人节的气氛非常浓厚。记得当时在SOGO一家很有名的大商场的一楼挤满了客人,大家都在争先恐后地买着自己喜欢的各式巧克力,而且都是年轻女性。在情人节期间日本各大小商场都设有巧克力专柜,每年不但有各种新品,而且巧克力的样式也千姿百态,可爱型的、可酷型的、普通型的……,充满了诗情画意和浪漫色彩,一看就有想买的冲动,真是既好看又好吃。此时也是日本各个商家竞争的极好时候。

据我所知,在日本大多是女子送男子巧克力。在情人节这一天就是没有情人或恋人的男性也会得到一盒精美的巧克力,甚至不止一盒。当然,这时的男士也都盼望着能收到精美的巧克力。据说,公司的男职员在这期间经常说的一句话是"喂,你有几盒巧克力?"回答多在两盒以上,而且充满了喜悦和自信。那么,为什么男女之间没有恋人关系还送巧克力呢?这种巧克力在日本被叫作什么意义上的巧克力呢?

是友情巧克力。

何为友情巧克力?

"友情巧克力"在日本是人际交往的一种礼仪形式或礼仪特色,是一种不含任何恋爱意思的巧克力,日语称之为"义理巧克力"。收到"义理巧克力"的人在3月14日的白色情人节不一定非要回赠什么礼物。

情人节本是青年女子向青年男子吐露心声及表白爱慕的日子,这一点在日本也是主流。但是在日本,除了"言情"之外,更多的是"言谢",诸如男导师、男上司、男同学、男同事、男性朋友,甚至于家中的父亲、兄弟、夫君等,都是感谢的对象,感谢他们一年来对自己的关照。所以,这天女性对于一年来帮助过自己的男性表达谢意时有赠送巧克力的习惯,故这种巧克力被称作"友情巧克力"。

因此,日本情人节的巧克力有两种特色:一种是言情巧克力,日语称之为"本命チョコ/honmyou tyokko",意为"恋爱巧克力";另一种是言谢巧克力,日语称之为"義理チョコ/gili tyokko",意为"友情巧克力"。近些年来,在情人节这天,女性之间也开始互赠友情巧克力,由此可见,友情巧克力在日本也许已是不可缺少的一种礼仪交往的文化习惯了吧。

情人节这天,男士在收到这种"友情巧克力"时当然明白是友情巧克力,但他们都高高兴兴地收下。听说一些有太太的男士还特意把"友情巧克力"带回家给自己的太太看,寓意自己在公司里很有女人缘吧。

在日本留学时，我也曾买过一些礼仪巧克力赠送经常帮助过我的人，比如我的恩师、中文学生和我的儿子。随着自己年龄的增长，对西方一些节日有种自然疏远的感觉，不过我还是很喜欢这个充满浪漫气氛的节日。其实巧克力也是我的最爱，在国内同样也会买些巧克力送给关心和支持我的朋友们，不过那就不考虑什么节日和性别了。

2008年2月13日回到海南岛，2月14日[1]我目睹了海口市情人节的风景。出国前我根本不知道这么一个西方节日在中国竟然也是这么热闹。虽然是同样的节日，但是习惯却又不同，文化表现形式也因国而异。在海口的情人节会看到各个花店都卖玫瑰花，而且包装精美。尤其是晚上，我看到大街上一对对男女青年，手挽手甚是亲密，大路边上比较热闹的地方都有卖玫瑰花的，而且是清一色的红玫瑰。此时的男生毫不犹豫地买了包装精美的红玫瑰，带着甜蜜和幸福的微笑，送给旁边的女生，女生羞涩的面庞更增添了节日特有的朦胧感。接过花的女生轻声慢语，满怀柔情地回了声"谢谢，亲爱的！"然后女生把花习惯性地拿到鼻子前闻一闻，这一习惯性的动作自然是全球通用，没有国籍差别……这天，我看到了很多这样的情景，豁然明白在中国是男生送女生玫瑰花。

"情人节"这天，不光是在花店，大学的校园、公司门口和热闹的地方等都有卖玫瑰花的。一支玫瑰，也就是一朵玫瑰花，最便宜也得卖到人民币15元左右，人家卖的是文化氛围啦。尽管如此，买的人还是很多。情人节的男生也豁出去了，都想为自己心仪的女孩子送上自己的心意。那么，在中国得到玫瑰花的女生也好，在日本得到巧克力的男生也好，不管你喜欢或不喜欢对方，都应该从心底说声"谢谢"，因为是"情人节"嘛。

"亲爱的电视机前的观众朋友们，大家晚上好！"清脆甜美的女高音把我拉回了现实中。今天是2014年的元宵节，CCTV现场直播的元宵晚会充满了浓郁的中国传统文化氛围。今天也是情人节，充满了异域的浪漫风情。

（2014年初春于椰城书斋）

补充信息

- 元宵节

每年农历正月十五是中国的传统节日"元宵节"。正月是农历元月，古人称夜为"宵"，所以称正月十五为元宵节。正月十五日是一年中第一个月圆之夜，

---

[1] 2月14日といえば、バレンタインデーです。日本では、女性が男性にチョコレートを渡して愛の告白をする日として知られています。

也是一元复始、大地回春的夜晚，人们对此加以庆祝，也是庆贺新春的延续。元宵节又称"上元节"，按中国民间传统，在这皓月高悬的夜晚，人们要点起彩灯万盏，以示庆贺。元宵节也称灯节，元宵燃灯的风俗起自汉朝，到了唐代，赏灯活动更加兴盛，皇宫里、街道上处处挂灯，还要建立高大的灯轮、灯楼和灯树。唐朝大诗人卢照邻曾在《十五夜观灯》中这样描述元宵节燃灯盛况："接汉疑星落，依楼似月悬。"

- **白色情人节**

　　3月14日的白色情人节男子要回赠2月14日情人节收到的女生礼物。这样的赠送习惯只有日本才有。情人节的发祥地欧洲在3月14日也没有过白色情人节的习惯。1978年，日本的白色情人节诞生。日本的"全国甜点工业协同组合"看到年轻人之间掀起了情人节互赠礼物的风潮之后，就决定把3月14日作为回赠糖果的日子，也是对2月14日的情人节给予答复的日子。白色情人节不正是表达了日本人"得到礼物一定要回礼"这种强烈的人情礼仪风俗吗？

　　白色情人节是男生回赠女生礼物的日子，也是女生示爱后男生给予答复的日子。心中暗暗期待男生回赠的礼物是巧克力价格的2倍或者3倍的女生越来越多。

6.2　わたしと広島と日本人

　　広島県は日本の中国地方に位置している。県庁所在地及び最大の都市は広島市である。中国地方で人口が一番多い県で、自動車産業、造船業が盛んである。一方で、海・山の豊富な自然にも恵まれ、農業・漁業も盛んである。このため「日本国の縮図」とも呼ばれている。広島は二つの世界遺産・嚴島神社、原爆ドームをはじめ、魅力あるスポットが数多くある。広島和牛、牡蠣(かき)等の海の幸があり、もちろん、お好み焼きは外せないであろう！

イラスト出典：https://cn.bing.com/images/search　20201206 閲覧

广岛县位于日本的中国地方。广岛市是政府所在地，也是广岛县最大的城市。广岛县在中国地区人口也是最多的，汽车产业、造船业比较发达。另外，广岛的自然资源很丰富，农业、渔业也很发达，因此被称为"日本国的缩影"。广岛有很多有魅力的景点，包括两处世界遗产，一是大岛神社，二是原子弹爆炸遗留下来的圆顶屋建筑。广岛还有和牛、牡蛎等海味，当然，广岛的御好烧是不能错过的哦！

わたしと広島と日本人

曹　春玲〔作〕神田　英敬〔校正〕

　日本の広島市、あの十年間、私が住んでいた水と花のきれいな街には、思い出がたくさんある。日本人の丁寧さや優しさを自分の身で実感しながら、多少の外国人に対する差別の影の下、私は留学生活を送っていた。あの十年間を今振り返ってみると、大学院に入った喜び、留学生活についての楽しさや悲しさ、日本語がまだ上手ではなくゼミの報告で緊張してしまったこと、在留資格の更新で悩んだこと、学費のためにきついアルバイトで苦労したこと、交通事故でひどい目にあったこと、日本人と友達以上恋人未満[1]の付き合いを経験したこと、そして涙をのんだことと様々な思い出がよみがえってくる…

　しかし、最終的には留学生活を無事に送ることができ、非常に充実し、そして、悔いのない十年間だった。広島での十年間、私には学士から修士、そして博士までの学位すべてが授与された。内モンゴルでは一生かけても学べないことをたくさん学んだ。それは、大学や社会など物事をより客観的に見られたこと、より謙虚な気持ちで人と接するようになったこと、他人の意見をより尊重し周りの空気を読めるようになったことなどだ…

　広島にいたあの十年間、日本では様々な出来事があり、ちょっとずつ姿を変えていったものの、日本や日本人の本質にはやはり変わりがないと思った。

　東洋文化で生まれ、西洋文化で育った日本人は東洋の勤勉さや西洋の生活スタイルをうまく自分の中で共存させていると感じる。性格の面では、とても静かで恥ずかしがり屋の部分があるような気がする。文化人類学者のルース・ベネディクト[2]は日本社会を「恥の文化」と分析した。日本人は相手の気持ちや立場を察して行動する民族なのかもしれない。また人間関係や上下関係を重視しており、職場で複雑な

---

[1] 友達以上恋人未満とは、その言葉の通り友達以上の関係だが、恋人ではない微妙な関係のことである。気の合う男女が恋人のようにデートをして、二人っきりで食事をしたりもするが、恋人とはちょっと言えないような関係。ただお互い相手に好意を寄せていることが多いようである。https://onescene.me/articles/143　20201110 閲覧。

[2] ルース・ベネディクト（Ruth Benedict、鲁思·本尼迪克特 1887 年 6 月 5 日—1948 年 9 月 17 日）は、アメリカ合衆国の文化人類学者。ニューヨーク生まれ。「レイシズム/人種主義」の語を世に広めたことや、日本文化を記述した『菊と刀』を著したことによって知られる。https://ja.wikipedia.org/wiki/20201110 閲覧。

敬語を使いこなすことも当然のことである。さらに、冠婚葬祭や礼儀作法は世界中のどの国よりも厳しく、そしてきちんとルール化されている。その上、日本人の礼儀作法は序列作法になっているため、世俗の上下判断、あるいは序列判断がおろそかであると、礼儀正しい日本人になることも難しい。「人を見誤ってはいけない」という想いが強迫観念の域にまで高められており、人々は堅苦しい日常生活を送っているかのようで、「頑張って」とか、「お疲れ様」などと言い合い、お互いに励まし合っている。これらは日本の友人から聞いた話である。

　自然観から言えば、日本人は人間と自然との調和を尊重している気がする。日本人にとって自然は恵みを与えてくれるもの、親しむべきものであり、決して人間と対立する厳しく酷いものではない。さらに、日本人は自然と自らを一体化しており、自然の心は我が心として生きる感情があるように思う。春夏秋冬の微妙な変化から様々な芸術や生活習慣が生まれているためである。たとえば、生け花[1]や風物詩[2]などがそれである。

　日本人の特徴といえば、意識的に行う集団行動だと考えられる。一番感じたのは「横並び意識」[3]についてである。確かに日本社会は、横並び意識が強く、人の目・世間の目を気にする中で行動を選択する傾向があるかもしれない。だからこそ、日本人には周囲の目を必要以上に気にする人が多いと感じられる。多くの日本人がアメリカ志向ということは事実だが、アメリカ人のように、個人能力重視、あるいは自己中心ではなく、横並び意識が強いため、協調性を重視し、確固たる自我を持っていないのも現実であろう。例えば、買い物をする時、よく店員さんに勧められることがある。「これは人気商品ですよ」「とってもきれいでしょう」「他のお客様もみんな買われてますよ」などである。「みんな」という言葉の宣伝力は日本人に対し、とても効くような気がする。会社の中でも、チーム・グループの意見に従い、自分の主張を自然と抑える日本人は少なくないであろう。みんなと同じイコール精神的安定という中流意識の形成は、日本人の「自分を守ろうとする心理」に裏付けされたものなのであろう。日本人のチームワーク、強い団結心、協調能力、互助精神もこれによって成り立つのではないかと思う。

1　生け花（いけばな）は、「真（しん）」「副（そえ）」「受（うけ／流派によっては体）」と呼ばれる 3 本の花や枝を、剣山に生ける「三才型」が基本。3 本の花や枝によって天・地・人を表しており、宇宙の調和を表現している。華道には様々な流派があり、様式・技法は各流派によって異なる。
2　風物詩（ふうぶつし）とは、季節特有の文化や味覚、生き物などのことを言う。その季節をより印象的に特徴づけることができる物事のことである。Wiki によると、風物詩とは、ある季節特有の現象、文化、味覚、生物、物売りなどであり、その季節をより意識的に特徴づけることができる物・事柄のことである。風物詩の範囲は幅広く、俳句の季語として限定されたものと違って、日本の季節を現代人の心に訴えかけているものを指す。
3　横並び意識（よこならびいしき）とは、金融機関が相互に行動を注視しつつ、似通った行動を選択すること。たとえば、A 行が利率の引き上げ計画を策定すると、同規模の B 行がこれに追随するなどを言う。つまり、関係する団体・企業が、そろって同じ方策を取ること。

日本語自体もとても面白く感じる。一つの文章の中で3種類の文字の形が併存されている言語は、世界の言語体系から言っても、日本語のみであろう。発音は簡単で、母音はただ「あいうえお」の5つしかなく、敬語は複雑で通常三・四種類に分けられており、言葉遣いには男女の性差という区別がある。また、方言も豊富で大別すると約16種類あり、カタカナの外来語が多く、英語、ドイツ語、イタリア語などの外国語をなんでもかんでも簡単に受け入れてしまうという傾向もこの数年間徐々に強まっている。なぜなら、カタカナはお洒落を意味する道具としてよく使われてきたからである。たとえば、日本では、特にレストランのメニューを見ると、カタカナで表記されているメニューばかりに感じ、わかりにくいイメージもある。恐らく日本人でも料理を注文するのが難しいと感じるのではないだろうか。

　そして、日本人のもう一つわかりやすい特徴は「モノマネ」[1]であろう。テレビ番組を見ても「モノマネ」などの内容は欠かせない存在として知られている。民族的な性格から見ても、日本人は人や物を真似することに喜びを感じ、良いところを吸収し、自分の独特なものにするのが得意である。この「モノマネ」は近代の日本経済・工業発展の原点とも言える。

　日本は島国であり、資源も乏しく、面積も狭いが、ここまで発展できた。これは十分に誇りを持って自慢できることだと思う。1997年に私は日本にやってきた。実際に生活をし、日本、そして日本人の真面目さ、強い忍耐力など優れたところには常に感心させられる。私には日本人の友人もたくさんおり、私の独特な中国語の教え方に夢中になってくれる人も何人かいる。大学院やゼミでは課題などに取り組み、充実した学習・研究生活を送ってきた。その後、そうした努力が少し実り、就職活動もそれほど苦労せずに内定を頂き、中日合同組合のある会社に勤めることができた。日本にいる多くの外国人留学生と同じように、私も多くの苦労を味わってきたが、「頑張れば明日はきっとよくなる」と常に前向きに考えることで、体の疲れも気にせずに済んだのである。結局、私の留学生活は実りあるものとなり、多くの収穫を得ながら幕を閉じた。

　2007年の夏、私は帰国することにした。その後、中国で博士論文を出版したのだが、指導教官であった岩井千秋教授がおっしゃっていた「研究成果の良し悪しはかいた汗の量に比例する」という一言が今でも私の耳元に残っている。先生がかけてくださった「曹さんはいまでも私の自慢の学生」という一言も私にとっては何より大切な宝物となっている。恩師の言葉は魔法のようにずっと私を励まし続けてくれており、それはこの十五年以上、大学の教壇に立つことができている原動力だと私は思っている。2021年の秋に私は退職する予定だが、再び恩師にお会いしたいとい

1　モノマネとは、人間や動物の声や仕草・様々な音・様々な様子や状態を真似すること。対象とするものの声、音、身振りなどを真似すること、またそれを中心とした芸である。モノマネの語源は「物を真似る」「物の真似をする」「物真似」などと考えられている。https://dic.nicovideo.jp/ 20201113閲覧

う気持ちは強くなる一方である。

　広島は私の第二の故郷でもある。中日関係についてはより多くの共通点を見つけ出し、異なる点はとりあえず残しておき、お互いの格差や誤解を縮め、差別や偏見をなくし、自分の考えていることを自由に主張し、一人一人により多くの希望を与えられるにはどうすればいいかと私は常に考えている。そして、中日友好交流をより円滑に進めていけるよう、今後も頑張っていきたいと思っている。

中国語訳文

我与广岛和日本人

　　日本广岛市，在这座水与花样美的城市里我生活了十年之久，这个城市有着我满满的回忆。在这里一边感受到了日本人的礼貌和温和，一边又感受到日本人对外国人的歧视，在这阴影下我度过了留学生活。回顾过去的十年，既有进入大学研究院的喜悦，也有留学生活的酸甜苦辣；还有在日语还不是很流利的情况下，在论文讨论会上汇报发言的紧张；也有因为在留资格更新而感到烦恼的事；也曾有过为了学费而干苦工的艰辛，甚至还遭遇过严重的交通事故；还体验过日本人的相处之道，那种朋友之上恋人之下的奇妙之感；也有过饮泣吞声的经历……

　　尽管如此，最终还是平平安安地度过了留学生活，而且非常充实，那是无怨无悔的十年。在广岛的这十年间，我从学士到硕士最后到博士，都成功被授予了学位。在内蒙古经历一生也学不到的东西在广岛都学到了。如此这般，在大学和社会中，更能客观地看待事物，更能谦虚地待人接物，更能去尊重别人的意见，更能感受和察觉周围的气氛……

　　在广岛的十年里，日本发生了各种各样的变故。日本的态势虽然在一点一点变化，但我觉得日本和日本人本身的特质并没有发生多大的变化。

　　出生于东洋文化的日本人，在西洋文化的氛围中长大，将东洋的勤勉和西洋的生活方式巧妙地融合在自己的骨子里。日本人在性格方面，似乎有着非常安静与害羞的部分。文化人类学者鲁斯・本尼迪克特（1887年6月5日——1948年9月17日，美国文化人类学家）分析了日本社会是"耻文化"社会。日本人也许是体察对方心情和站在对方的立场去表达自己言行的民族吧。另外，日本人很重视人际关系和上下级关系，在职场上熟练地使用比较复杂的敬语也是理所当然之事。再进一步讲，我认为日本在冠婚葬祭（指元服、婚礼、葬礼、祭祖四大仪式）和礼仪礼法方面比世界上任何一个国家都要求严格，而且精准地把这些做法规范化。又因为日本人的礼仪礼法是论资排辈的序列礼法，如果对世俗的上下判断或者序列判断过于草率的话，即使身为日本人也很难成为彬彬有礼之人。"不能看错人"的想法被提高到了具有强迫性的观念范围程度，人们的日常生活好像过得是有点辛苦，相互之间说着"加油""辛苦了"之类的客套话，并互相鼓励着。这些事情都是从日本朋友那里听来的。

从自然观来说，感觉日本人尊重人与自然的和谐。对于日本人来说，自然是给予我们恩泽的精灵，人类应该亲近自然，自然绝对不是要与人类残酷对立。而且，日本人把自然和自己融为一体，自然之心似我之心而存在一种情感寄托。因此日本人会从春夏秋冬微妙的变化中滋生出各种各样的艺术想象力和生活习俗，比如花道、风物诗等。

说到日本人的特征，我认为是具有意识性的集团行为。最能让人感受到的就是关于"横向意识"。何为"横向意识"呢？横向意识是指金融机构在相互注视着对方行动计划的同时，选择相似的行动计划，即相关团体、企业统一采取同样的方法与策略。

日本社会的横向意识的确很强，所以日本人会介意别人的眼光，在世人的视线中选择自己的行为特色。事实上很多日本人比较倾向于美国特色，但又不像美国人那样重视发挥个人能力。日本人是不会以自我为中心的，由于他们有很强的横向意识，所以比较注重协调性，现实也证明了日本人的自我意识确实不够坚定。

比如，我们在买东西的时候，经常会有店员过来推荐。"很受欢迎的商品哦""很漂亮吧""大家都买了哦"，等等。我觉得"大家"这个词对日本人非常有效。在公司里，有不少日本人遵从团队意见，自然地抑制自己的主张，这样的日本人或许有很多吧。因为和大家做同样的事情精神上就会很安定，这或许是主流意识形成的原因吧，大概也是日本人"想要保护自己的一种心理因素"吧。而且，我认为，日本人的团队合作精神、坚强的团结之心、协调能力、互助精神，正是在这一层面上成立的！

感觉日语本身也非常有趣，在一篇日语文章中，三种不同的语言文字形式并存于字里行间。就世界各语言体系来看，只有日语才有这样的奇妙特点。发音简单，母音只有"あいうえお/ａｉｕｅｏ"5个；敬语复杂，一般分为三、四个种类；措辞用语有男性与女性的区别；方言丰富，全国大概约有16种吧；片假名标记的外来语很多，如英语、德语、意大利语等外来语。近几年来，越来越多的日本人不管在什么情况下都简单地接受任何外来语，这种倾向逐渐加强。为什么呢？因为片假名标记的词语经常被用指时尚物品。例如，特别是日本餐厅的菜单，用片假名标记的菜品较多，给人一种难以理解的印象，这样连日本人自己点菜也会感到不那么容易吧。

另外，日本人另一个容易理解的特征应该是"模仿"吧。众所周知，电视节目中"模仿"的内容是不可或缺的。从民族性格来看，感觉日本人喜欢模仿人和物，并在模仿中善于吸收其优点，使之创新成为自己独特的东西。这个"模仿"也可以说是近代日本经济、工业发展的原点吧。

日本明明是个岛国，资源贫乏，面积狭小，但是能发展到今天这个层面，我觉得这是日本非常值得骄傲和自豪的事情。

1997年，我来到日本，在实际生活中，对日本人的认真与坚强的忍耐力等优秀之处非常佩服。我也有一些日本朋友，对我独特的中文教学法很着迷。在研究生院的研讨会上，我为了课题等而努力，所以我在日本度过了充实的学习和研究生活。而且，只要努力一点就会有一点成果。就拿求职而言，也觉得没那么辛苦就拿到了内定，在

日本一家公司工作了。其实，我和在日本的其他很多外国留学生一样，也饱尝了很多甘苦，但我总是乐观地认为"努力的话明天一定会更好"，这样积极向上地思考，也就觉得身体不那么疲劳啦。总之，十年寒窗，我的留学生活终于落下帷幕，开花结果，可谓收获满满。

　　2007年夏天，我决定回国。回国后，在出版博士论文的时候，我的恩师岩井千秋教授讲了："研究成果的好坏与所流的汗水量是成正比的。"这句话一直响在我的耳边。恩师还说"曹同学现在仍然是我骄傲的学生"，这句话对我来说最为宝贵。恩师的话就像魔法一样一直激励着我，我认为这就是我十五年来一直站在大学讲台上的原动力。2021年深秋，我到了快要退休的年龄啦。此时的我想再次见到恩师的心情却越来越强烈了。

　　广岛是我的第二故乡。在中日关系上我们要求同存异，发现相互之间更多共同的地方，保留各自不同的地方。我常常在想：彼此之间怎样做才能缩小差别与误解、消除歧视与偏见？彼此之间怎样做人们各自的想法才可自由主张？彼此之间怎样做才能使每个人的愿望更多得以实现？今后，愿为中日友好交流更加顺利进行而继续努力。

（本书作者翻译）

6.3　中国国民から新型コロナウイルス君への手紙

　2019 新型コロナウイルス（2019-nCoV，SARS-CoV-2）は、新型コロナウイルス感染症（COVID-19）の原因となる SARS 関連コロナウイルス（SARSr-CoV）に属するコロナウイルスである。日本の国家機関や主要な報道機関は「新型コロナウイルス」と呼んでおり、「新型コロナ」と省略される場合もある。

　2019 年に中国湖北省武漢市付近で発生が初めて確認され、その後、COVID-19

の世界的流行（パンデミック）を引き起こしている。　（https://ja.wikipedia.org/wiki/）

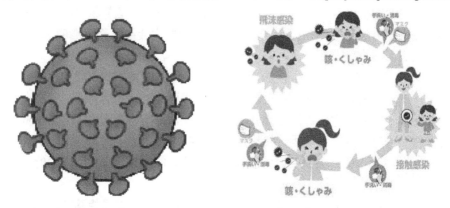

　　2019新型冠状病毒,2020年1月12日,世界卫生组织正式将其命名为2019-nCoV。冠状病毒是一个大型病毒家族，已知可引起感冒以及中东呼吸综合征（MERS）和严重急性呼吸综合征（SARS）等较严重疾病。新型冠状病毒是以前从未在人体中发现的冠状病毒新毒株。

中国国民から新型コロナウイルス君への手紙

新型コロナウイルス君さん

　お元気ですか？元気でないことを願います。この冬、私たちは武漢で初めて出会いました。武漢は中国中部の湖北省にあり、人口1100万人の大都市です。あの頃はちょうど中国人にとって一番大事な祝日、「春節」でした。しかし、あなたが来たせいで、今年は異例の春節となりました。

　これまでは、春節になると、街中は活気に溢れ、賑やかでしたが、今年は一人もいなくて、さびしい雰囲気となり、人々は感染の恐れから外出を控えています。

　あなたがどこから来たのか、どんな性質や秘密を持っているのか、まだわかりません。あなたの兄弟とも戦ったことがありますが、感染力がそれほど強くありませんでした。確かに、より怖いウイルスもありますが、あなたに関しては、治療方法が不明で、ワクチンもできていないので、毎日、たくさんの命が奪われてしまいました。

　あなたが猛威を振るったところ―感染の中心地、武漢は1月23日から封鎖を続けてきました。人口がニューヨークの1.3倍にあたるこの巨大都市を想像してみてください。感染は湖北省のほかの都市にも拡大していました。それを防ぐために、私たちは都市を次々と封鎖し、中国全土および全世界を全力で守ろうとしています。

　全ての中国人があなたと戦っています。

　医師や看護師たちは上司に願い出てまで感染状況が最も深刻なところへ赴き、力の限りを尽くしています。ボランティアたちは義援金を募り、感染症に苦しんでいる人に届けました。中国各地の農家は多くの野菜や果物を武漢に送りました。全国

民が外出を自粛し、個人で予防を徹底するとともに、他人を思いやる心も忘れずにいます。

　あなたと闘うために、武漢には火神山医院と雷神山医院が10日間で完成し、指定病院40カ所が改造を完了し、臨時医療施設14カ所が患者の受入れを始めました。医師や看護師たちは昼夜を問わず、身の危険も顧みず、あなたが苦しめた患者を救おうと必死になっています。

　この冬、私たちは「史上最長の休暇」を迎えましたが、人々は旅行の中止や延期を余儀なくされ、多くの事業が破綻し、失業者も出ました。確かに、あなたから大きな被害を受けました。しかし、私たちは恐れたりはしません。新たな感染者は減り続けています。見ていなさい。中華民族は、人類は絶対に負けません。私たちは決して孤立無援ではありません。苦境は一時のもの、最後には必ず勝ってみせます！

　春は必ず訪れ、明けない夜はありません。青空の下でマスクを外して笑い合える日は必ず来ると信じています。

中国人民致新型冠状病毒的一封信

你好，新冠病毒！

　　最近怎么样呢？希望你过得不好。

　　这个冬天，我们在武汉初次相识。这是一个拥有1100万常住人口的大城市，位于中国中部的湖北省。你来的时候，正巧是全中国庆祝农历新年之际，这是我们中国人一年里最重要的日子。你可知道，由于你的到来，今年的新年不同寻常？

　　往常在新年的时候，街上都红红火火、热热闹闹，而今年满大街不见一个人影，到处空荡荡。人们都不敢出门，因为你可能就藏在外面的某一个角落。

目前我们还不够了解你,不知道你究竟从何而来,也不完全了解你的特性,更不知道你身上到底还有多少秘密。我们曾和你的一些兄弟姐妹打过交道,但他们谁也没有像你传染性这么强。不过我们也承认,你和有些病毒相比要温和些。可问题是,我们不知道怎么对付你,针对你的疫苗还没有研发出来。每天都有生命因你而逝去。

你肆虐最为严重的地方——此次的疫情中心武汉,从1月23日起就封城了,你可以想象吗,这可是一座人口是纽约1.3倍的超大城市。接下来,同样的命运也降临到了湖北的很多地方。为了防止病毒扩散,我们关上了门,奋力守护着整个中国,甚至整个世界。

每个中国人都投入到和你的战斗之中。

医疗工作者大义凛然,奔赴前线,有些人甚至向上级请愿,希望能到疫情最严重的地方去发光发热。志愿者筹募善款,为受苦受难的同胞伸出援助之手。全国各地许多农民将大批蔬菜水果捐送武汉。无数的普通老百姓待在家中,做好防护,以自身力量抵制疫情扩散蔓延,同时也不忘为他人点亮一盏爱心灯火……

为了与病毒对抗,武汉10天内建起两座医院——火神山和雷神山,改造完成40多家定点治疗医院,14家方舱医院投入使用。医生护士几乎24小时连轴转,昼夜不

停歇，他们冒着巨大的生命危险，只为救治受你折磨的病人。

　　这个冬天我们迎来了"史上最长假期"，许多人的旅行计划被取消或无限延期，许多人的生意倒闭了，许多人失去了工作……是的，因为你，我们损失惨重。但是，新冠病毒，我们不怕你！新的感染者数量在不断下降，你早晚会知道，中华民族是无法战胜的！人类是无法战胜的！我们早就习惯了度过一个个难关，我们有强大的国家，我们绝非孤立无援！困境是暂时的，我们终会克服艰难，而你必败无疑！

　　春天终会来到，黑暗总有尽头。到时，我们都会摘下口罩，在晴空之下，尽情相拥！

出自天津外国语大学、超星集团[1]

6.4　絵本

　　絵本は絵を中心にして簡単な文をつけた本のこと。主として子供向けの本をいう。絵本（えほん、picture book）とは、その主たる内容が絵で描かれている書籍の一種。絵画（イラストレーション）を主体とした書籍のうち、物語などテーマを設けて文章を付与し、これを読ませるものである。絵物語とは似ている面がある。コマ割りがなされていない点などで漫画とは区別され、文章がなかったり、物語（ストーリー）の代わりに解説が付されていたりする点で画集・イラスト集とは異なる。
（https://ja.wikipedia.org/wiki/より 20200220 閲覧）

　　　　絵本是以画为中心，附上简单句子的读本，主要是面向儿童的书籍。绘本（连环画、picture book）的主要内容用画来描绘。在以绘画（插图）为主体的书籍中，先设定故事主题，再配上文句，让读者阅读。绘本和绘画故事有相似的一面。绘本和漫画的区别是绘本图片不会分成一个个小块。绘本图片和故事融为一体，不需要额外的

1　超星是北京超星公司简称(全称：北京世纪超星信息技术发展有限责任公司)，成立于 1993 年，是中国规模较大的数字图书馆解决方案提供商和数字图书资源提供商。

解釈和说明，在这点上，它与画集、插图集区别开来。

スーホの白い馬

おおつか ゆうぞう（作） あかば すえきち（絵）

絵の出典：http://mametsubu-ehon.hatenablog.com/entry/2015/10/29/20200401 閲覧

　　中国の北の方、モンゴルには、広い草原が広がっています。そこに住む人たちは、昔から、羊や、牛や、馬などを飼って暮らしていました。
　　このモンゴルに、馬頭琴という楽器があります。楽器の一番上が、馬の頭の形をしているので、「ばとうきん」というのです。一体、どうしてこういう楽器ができたのでしょう。それには、こんな話があるのです。
　　昔、モンゴルの草原に、スーホという貧しい羊飼いの少年がいました。
　　スーホは、年とったお婆さんと2人きりで、暮らしていました。スーホは、大人に負けないくらい、よく働きました。毎朝、早く起きるとき、スーホは、お婆さんを助けて、ご飯の支度をします。それから、二十頭あまりの羊を追って、広い広い草原に出て行きました。
　　スーホは、とても歌がうまく、ほかの羊飼いたちに頼まれて、よく歌を歌いました。スーホの美しい歌声は、草原をこえ、遠くまで響（ひび）いていくのでした。
　　ある日のことでした。日は、もう遠い山の向こうに沈み、あたりはぐんぐん暗くなってくるのに、スーホが帰ってきません。
　　お婆さんは、心配になってきました。近くに住む羊飼いたちも、どうしたのだろうと、さわぎはじめました。
　　みんなが心配でたまらなくなったころ、スーホが、何か白いものをだきかかえて、

帰ってきました。みんながそばにかけよってみると、それは、生まれたばかりの、小さな白い馬でした。

スーホは、にこにこしながら、みんなにわけを話しました。

「帰るとちゅうで、子馬を見つけたんだ。これが、地面に倒れて、もがいていたんだよ。あたりを見ても、持ち主らしい人もいないし、お母さん馬も見えない。放っておいたら、夜になって、狼に食われてしまうかもしれない。それで、連れてきたんだよ。」

日は、一日一日と過ぎていきました。

スーホが、心を込めて世話したおかげで、子馬は、すくすくと育ちました。体は雪のように白く、きりっと引き締まって、だれでも、思わず見とれるほどでした。スーホは、この馬が、かわいくてたまりませんでした。

ある晩のこと、眠っていたスーホは、はっと目を覚ましました。けたたましい馬の鳴き声と、羊の騒ぎが聞こえます。スーホは、跳ね起きると外に飛び出し、羊の囲いのそばに駆けつけました。見ると、大きな狼が、羊に飛びかかろうとしています。そして、若い白い馬が、狼の前に立ちふさがって、必死に防いでいました。

スーホは、狼を追い払って、白い馬のそばに駆け寄りました。白い馬は体中、汗でびっしょりでした。きっと、ずいぶん長い間、狼と戦っていたのでしょう。

スーホは汗まみれになった白い馬の体を撫でながら、兄弟に言うように話しかけました。

「よくやってくれたね、白い馬。本当にありがとう。これから先、どんなときでも、僕はお前と一緒だよ。」

月日は飛ぶように過ぎていきました。

ある年の春、草原いったいに、知らせが伝わってきました。このあたりをおさめている殿様が、町で競馬の大会を開くというのです。そして、一等になったものは、殿様の娘と、結婚させるというのでした。

この知らせを聞くと、仲間の羊飼いたちは、スーホに薦めました。

「ぜひ、白い馬に乗って、競馬に出てごらん。」

そこでスーホは、白い馬に跨り、広々とした草原を越えて、競馬のひらかれる町へと、向かいました。

競馬の場所には、見物の人たちが、おおぜい集まっていました。台の上には、殿様が、どっかりと腰をおろしていました。

競馬が始まりました。たくましい若者たちは、いっせいに皮の鞭を振りました。

馬は、飛ぶように駆けます。でも、先頭を走っていくのは、白い馬です。スーホ

第6章 バイリンガルの書き物と読み物

の乗った白い馬です。
「白い馬が一等だぞ。白い馬の乗り手を連れてまいれ！」
殿様は叫びました。
ところが、連れてこられた少年を見ると、貧しい身なりの羊飼いではありませんか。そこで、殿様は、娘の婿にするという約束などは、知らんふりをして言いました。
「お前には銀貨を三枚くれてやる。その白い馬をここにおいて、さっさと帰れ。」
スーホはかっとなって、夢中で言い返しました。
「私は、競馬に来たのです。馬を売りに来たのではありません。」
「なんだと、ただの羊飼いが、このわしにさからうのか。
ものども、こいつを打ちのめせ。」
殿様が怒鳴りたてると、家来たちが、いっせいに、スーホに飛びかかりました。
スーホは、大勢に殴られ、けとばされて、気を失ってしまいました。殿様は、白い馬を取り上げると、家来たちを引き連れて、大威張りで帰っていきました。
スーホは友達に助けられて、やっとうちまで帰りました。スーホの体は、傷やあざだらけでした。お婆さんが、付きっ切りで手当てをしてくれました。おかげで、何日かたつと、傷もやっと治ってきました。けれども、白い馬を取られた悲しみは、どうしても消えません。白い馬はどうしているだろうと、スーホは、そればかり考えていました。白い馬は、どうなったのでしょう。
すばらしい馬を手に入れた殿様は、まったくいい気持ちでした。もう、白い馬をみんなに見せびらかしたくてたまりません。
そこで、ある日のこと、殿様は、お客をたくさん呼んで、酒盛りをしました。その酒盛りの最中に、殿様は、白い馬に乗って、みんなに見せてやることにしました。家来たちが、白い馬を引いてきました。殿様は、白い馬に跨りました。
そのときです。白い馬は、恐ろしい勢いで跳ね上がりました。殿様は、地面に転げ落ちました。白い馬は、殿様の手から手綱を振り放すと、騒ぎ立てるみんなの間を抜けて、風のように駆け出しました。
殿様は、起き上がろうともがきながら、大声で怒鳴り散らしました。
「早く、あいつを捕まえろ。捕まらないなら、弓で射殺してしまえ。」
家来たちは、いっせいに追いかけました。けれども、白い馬にはとても追いつけません。家来たちは、弓を引きしぼり、いっせいに矢を放ちました。矢は、うなりを立てて飛びました。白い馬の背には、次々に、矢が刺さりました。
その晩のことです。スーホが寝ようとしていたとき、不意に、外の方で音がしま

した。

「誰だ」と聞いても返事はなく、カタカタ、カタカタと、物音が続いています。ようすを見に出て行ったお婆さんが、叫び声を上げました。

「白い馬だよ。うちの白い馬だよ。」

スーホは跳ね起きて、駆けて行きました。見ると、本当に、白い馬はそこにいました。けれど、その体には、矢が何本も突き刺さり、汗が滝のように流れ落ちています。白い馬は、ひどい傷を受けながら、走って、走って、走り続けて、大好きなスーホのところへ、帰ってきたのです。

スーホは、歯を食いしばりながら、白い馬に刺さっている矢を抜きました。傷口からは、血が噴き出しました。

「白い馬、僕の白い馬、死なないでおくれ。」

でも、白い馬は、弱り果てていました。息は、だんだん細くなり、目の光も消えていきました。

そして、次の日、白い馬は、死んでしまいました。

悲しさと悔しさで、スーホは、いく晩も眠れませんでした。

でも、やっとある晩、とろとろと眠り込んだとき、スーホは、白い馬の夢を見ました。スーホが撫でてやると、白い馬は、体を擦り寄せました。そして、やさしくスーホに話しかけました。

「そんなに悲しまないで下さい。それより、私の骨や皮や、筋や毛を使って、楽器を作ってください。そうすれば、私は、いつまでも、あなたのそばにいられますから。」

スーホは、夢から覚めるとすぐ、その楽器を作り始めました。夢で白い馬が教えてくれたとおりに、骨や皮や、筋や毛を、夢中で組み立てていきました。

楽器は出来上がりました。これが馬頭琴[1]／バトウキンです。

スーホは、どこへ行くときも、この馬頭琴を持っていきました。それを弾くたびに、スーホは、白い馬を殺された悔しさや、白い馬に乗って、草原を駆け回った楽しさを思い出しました。

そしてスーホは、自分のすぐわきに白い馬がいるような気がしました。そんな時、楽器の音は、ますます美しく響き、聴く人の心を揺り動かすのでした。

やがて、スーホの作り出した馬頭琴は、広いモンゴルの草原中に広まりました。そして、羊飼いたちは、夕方になると、寄り集まって、その美しい音に耳をすまし、

---

[1] 「スーホの白い馬」はモンゴルの民族楽器であるモリンホール（馬頭琴）の由来にまつわる話。日本での初出は1961年で、福音館書店が発行する月刊絵本こどものとも1961年10月号の『スーホのしろいうま』（大塚勇三・作、赤羽末吉・絵）である。

第6章　バイリンガルの書き物と読み物

一日の疲れを忘れるのでした。

中国語訳文

苏和的小白马

在中国北方，有一个广阔的内蒙古草原。住在那里的人们自古以来就以养羊、养牛、养马等为生。在内蒙古草原上有一种乐器叫马头琴。因为乐器的最上面有个马头的形状，所以称之为马头琴。究竟为什么会有这样一种乐器呢？其中有这样一个故事。

从前，在内蒙古草原上，有一个比较贫穷的牧羊少年名叫苏和。苏和与上了年纪的奶奶一起生活。苏和就像大人一样不服输，很努力地干活。每天早上，苏和早早起来，帮奶奶准备好早饭。然后，赶着二十多只羊，来到广阔无垠的草场上。

苏和的歌唱得特别好，其他的牧羊人经常请苏和唱歌。苏和的歌声很美，他美妙的歌声穿过草原，飘向很遥远很遥远的地方。

有一天，太阳已经落山，周围已经越来越黑了，但是苏和还没有回来。奶奶开始担心起苏和的安危。住在附近的牧羊人也开始嘈杂起来，都不知道究竟发生了什么。

正在大家都非常着急的时候，苏和抱着一团白色的东西回来了。大家跑到他跟前一看，原来是一匹刚出生的小白马驹儿。苏和笑眯眯地告诉大家遇见小白马驹儿的前因后果。

他说："我在回家的路上，突然发现了这匹小马驹儿。它倒在地上，身上受了伤，还挣扎着。我四下看了看，在它的周围连主人的影子都没有，也没有看到它的妈妈。如果我放任不管的话，到了夜晚，小白马驹儿很有可能会被狼吃掉，所以我就把它抱了回来。"

时间一天一天过去。小白马在苏和的精心照料和喂养下茁壮成长。身体白得像雪一样，风姿矫健俊美，无论是谁，见了它都情不自禁地出神。苏和更是觉得这匹小白

马可爱得不得了。

在一个夜黑风高的晚上，熟睡的苏和突然被惊醒。他听到小白马的尖叫声和羊圈里羊群的骚乱声。苏和一个激灵跳起来，噌地一下就跑了出去。跑到羊圈旁边时，他一看不妙，一只大灰狼正向羊群扑去。此时小白马正挡在大灰狼面前，拼命地保护着羊群。

苏和赶走了大灰狼，飞奔到小白马的身旁。小白马浑身都是汗，一定是和大灰狼战斗了很长时间啦。

苏和心疼地抚摸着浑身是汗的小白马，像对自己的亲兄弟一样说着话。

"真是太棒了，小白马，谢谢啊！今后无论什么时候，我都要和你在一起。"

时光飞逝。一年春天，草原上传递着一个消息，说是掌控这一带的老爷要在镇上举行骑马比赛。在这次比赛上，如果骑手获得一等奖，就可以娶老爷的女儿为妻。

听到这个消息后，牧羊伙伴们一致推荐苏和去参赛，并说："一定要骑着小白马去参赛啊。"

于是，苏和跨上白马，越过广阔无垠的草原，奔向了比赛的城镇。

赛马场上聚集着很多看热闹的人。在台上，老爷端坐在那里。

赛马开始了。身体健壮的年轻人一起骑着骏马，挥动着手中的鞭儿。

马儿像飞一样地奔跑着，跑在最前面的是一匹小白马。那正是苏和骑的小白马。

"小白马获得了第一名。把骑小白马的骑手给我带过来。"老爷喊着。

但是，他看到带过来的少年，不就是个穿着寒酸没有身份的牧羊人吗？于是，老爷就装作不知道赛马招婿约定的样子，蛮横地说道：

"给你三枚银币，那匹小白马留下，你赶紧滚！"

此时的苏和火冒三丈，不顾一切怼了回去。

"我是来赛马的，又不是来卖马的。"

"怎么？你个穷放羊的，敢跟老爷我顶嘴？把这家伙往死里打！"

家丁们看老爷生气，就一起扑向苏和。苏和被那些家丁又打又踢，很快就失去了意识，昏迷过去。可恨的老爷牵起苏和的小白马，带着随从，大摇大摆地回去了。

苏和在牧羊朋友们的帮助下，终于回到了家。苏和满身是伤。奶奶始终不离苏和左右，一直守候在他的身边。多亏奶奶的照顾，很多天之后，苏和的伤终于好了。尽管如此，被夺去小白马的悲伤一直笼罩着他。苏和一直都在想，小白马究竟怎么样了？小白马会变成什么样子呢？

再说，得到了一匹好马的老爷，心情好得不得了，想在大家面前嘚瑟一下他得到的小白马。

于是，有一天，老爷叫来了很多客人，大摆筵席。在大家兴趣盎然之际，老爷想让大家欣赏他骑小白马的风采。于是，家臣把小白马拉到老爷跟前。老爷跨上了小白马。

　　就在他跨上小白马的一瞬间，小白马以惊人的气势跳了起来，老爷瞬间被掀翻，摔倒在地。小白马甩开老爷手中的缰绳，穿过喧闹的人群，风一样地飞奔出去。

　　老爷一边挣扎着想从地上爬起来，一边大声怒吼着，对下人们一通乱骂。

　　"快给我抓住那家伙。如果抓不住的话，就用弓……弓箭射杀。"

　　家臣们轰的一下子就追了出去。但是，他们怎么也追不上小白马。于是，家臣们就拉开弓一起放了箭。箭嗖嗖地飞出去，一支接一支无情地扎进白马的背上。

　　那天晚上，苏和正要睡觉，突然听到外面有声音。苏和问了好几声"是谁"，也没有任何回应，啪嗒啪嗒的声音却一直持续着。奶奶出去一看究竟，一下子便叫了起来：是小白马，是我们家的小白马呀。

　　苏和跳起来跑出去一看，真的就是小白马！但是，小白马身上刺进去不知有多少支箭，小白马的汗水像瀑布一样流淌着。小白马带着受了重伤的身体，跑呀跑，跑呀跑，一直拼命地跑，终于跑回它最喜欢的苏和身边。

　　苏和咬紧牙关，拔出了扎在小白马身上的箭，血从它的伤口喷了出来。

　　"小白马，我的小白马，不要死啊不要死啊。"

　　但是，小白马已经非常虚弱了。它的呼吸渐渐变细，目光也失去了生命的光泽。

　　第二天，白马离开了苏和。

　　由于悲伤和悔恨，苏和一连好几个晚上都没有睡觉。

　　终于有一天晚上，苏和迷迷糊糊地睡着了，并且梦见了小白马。在梦中，苏和一抚摸小白马，小白马就把身体靠了过来。然后，温柔地和苏和搭上了话。

　　"请不要这么悲伤啊。与其悲伤不如这样，请用我的骨头、我的皮、我的筋和我的毛来制作乐器。这样的话，小白马就能永远在你的身边啦。"

　　苏和从梦中醒来，就马上按照小白马说的，开始制作乐器。就像在梦中小白马告诉苏和的那样，他把小白马的骨头、皮、筋和毛组装在了一起。

　　乐器做好了。这就是蒙古族的马头琴。

　　苏和无论去哪里都带着这把马头琴。每当弹奏马头琴的时候，苏和就想起小白马被杀的情景，心中充满悔恨；他也会想起自己骑着小白马在草原上驰骋的快乐景象。

　　从这以后，苏和觉得小白马就在自己身边。乐器的音色也越来越好听了，美妙的音乐打动了听众的心弦。

　　不久，苏和制作的马头琴在浩瀚无垠的蒙古大草原上广为流传。到了傍晚，牧羊人就聚集在一起，侧耳倾听着美丽的马头琴声，一天的疲劳也就烟消云散了。

（本书作者翻译）

6.5　コミュニケーションとは？

「コミュニケーション」とは、デジタル大辞泉を見ると、2つの意味がある。
　①社会生活を営む人間が互いに意思や感情、思考を伝達し合うこと。言語・文字・身振りなどを媒介として行われる。②動物どうしの間で行われる、身振りや音声などによる情報伝達。この言葉を中国語に訳してみると、「沟通、交流、通信、报导、交际」という意味である。

　「コミュニケーション」は、情報の伝達、連絡、通信の意だけではなく、意思の疎通、心の通い合いという意でも使われるのである。「親子のコミュニケーションを取る」は親が子に一方的に話すのではなく、親子が互いに理解し合うことであろうし、「夫婦のコミュニケーションがない」という場合は、会話が成り立たない、気持ちが通わない関係をいうのであろう。

　所谓"コミュニケーション/komyunike-shon"，查阅数字大辞泉得知有两个意思。①社会生活中的人相互传递信息、情感和思想，以语言、文字、动作等作为媒介而进行；②动物之间根据动作和声音等进行信息交换。这个词译为汉语是"沟通、交流、通信、报道、交际"之意。

　"コミュニケーション/komyunike-shon"不仅指信息的传递、相互的联络、通信的交流之意，也用于相互之间思想的沟通和心灵的沟通。"亲子间的交流"并不是父母单方面对孩子说什么，而是父母和孩子之间要相互理解；"夫妻之间没有交流"，就是指相互之间无话可说，即相互之间的情感无法沟通的一种状态。

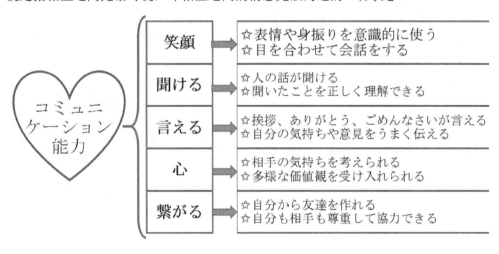

コミュニケーションとは？

吉田　信子〔講演稿〕

ターチャーハオ！
皆さん、こんにちは。
　広島に住んでいる私がなぜ今ここ、海南にいるのでしょうか？私は広島にある

YMCA¹というクラムスクール（塾）で、長い間英語を教えてきました。英語を教えると言っても生きた会話ではありません。広島や全国にある有名な高等学校、有名な大学に生徒を通すためのたくさんの長文、文法問題など、生徒共々一生懸命教えてきました。

　広島には、留学生会館というとても立派な留学生たちのための寮があり、約120名以上、国にすると30ヶ国以上の諸国からの留学生が住んでいます。多くはアジアからの留学生で、そこの館長にあたる方が私の夫の友人であったことから、私はボランティアとして教えることになりました。まず、はじめに李クンという15歳の男の子に毎週一度、高校入学のための英語を教えることになりました。

　静かな留学生会館で一生懸命英語を教えている時、5メートルくらい離れた席で静かに何かを勉強している髪の長い女性がいました。ふと私と目があった時にっこりされ、まあ、何て笑顔の美しい人だろうと思いました。5分たった時、留学生会館の受付の人とその女性が英語を教えている私の所にやってきました。その女性は「先生の英語は私の国の英語の先生と同じです。私にも英語を教えてください」と言われ、私はとても驚きましたが、その美しい笑顔につられて、「まあ、どうぞ」と言いました。それが曹先生との初めての出会いでした。あの時、曹先生が私に話しかけていなければ、今私がここにいることは絶対ないことでした。曹先生も日本という外国に住むということは何かロマンチックで、ステキなことのように思われますし、又、そういう面があることも事実です。しかし、思いもかけない大きな苦労や苦痛があることもまた事実です。そのことから、私自身の話をしたいと思います。

　私にとって初めての外国とは1986年初めて住んだヨーロッパのベルギーです。首都ブリュッセルは非常に活気のある賑やかでうつくしい所でした。小さな国ベルギーはとても不思議で、実は言語が3つあります。フランス語、フラマン語（オランダ語の方言）、そしてドイツ語です。言語が3つに分かれているんです。さらに多くの移民の言語のため、国内には多くの問題が常にあります。その問題を少しでも減らすため、首都であるブリュッセルには、どの店に入っても一枚のカードが目に付くところに置いてあります。それには、「この店の店員はフランス語もフラマン語も両方話すことができます」と書いてあります。又、警察にも学校にもすべて二通りの言語が準備されています。それを維持していく費用は大変なものでしょう

1　YMCAは、1844年にロンドンに誕生し、現在120の国と地域に広がる国際団体である。キリスト教の「愛と奉仕」の精神に基づき、超高齢社会、情報化社会、国際化社会に対応し、教育・文化・健康・福祉・施設・国際など幅広い分野で、幼児から高齢者までを対象にさまざまな事業や活動を行なっている。広島YMCAは1938年10月25日に創立した。以来、「広島YMCAの使命」に基づき、人びとの生涯をとおした全人的成長を願い、さまざまな事業や活動を通じて地域貢献・国際貢献をめざしている。広島YMCAは、専門学校、日本語・外国語教育、国際交流・ボランティアなど、幼児からシニアまでを対象にさまざまな事業や活動を展開している。本書の作者はここで中国語を5年間くらい教えていた。http://www.hymca.jp/about/about.html より

が、あの小国であるにもかかわらず、頑張ってやっているわけです。

　ベルギーに到着してはじめての夕方、まだ、日本からの荷物がなく、砂糖がないことに気がつきました。そこで、すぐ近くの小さなお店に入りました。そこはアラブの人が経営する店でした。私は自分の話せる英語で sugar をくださいと言いました。店の人は何か言いましたが、それは英語でもフランス語でもなく、おそらくアラブの言葉だったのです。それでもおいしいお茶を飲みたい私は頑張ってコーヒー、tea と言いつつ、砂糖を入れるジェスチャーをしてから sugar と言いました。どうしてもわかってもらえません。相手の人は少しイライラした様子です。私は悲しくなりあきらめてしまいました。そのつらい気持ちがある程度障害のようになってしまいました。

　外国に着いてはじめての日に、砂糖一つすら買えなかったことが悲しく、フランス語を学ぶことに対しても臆病になってしまいました。言葉は難しいし、どうせ話してもわかってもらえないということであきらめましょうか。ある意味で、自分自身の中に一つの壁のようなものを作ってしまいました。自分自身が勝手に作ってしまった「壁」、心の壁です。

　さて、私の子供は当時、小学校5年生でベルギーにある日本人学校へ通っていました。メトロ（地下鉄）でいつも通学していました。半年経った、とても寒い日のことです。子供が忘れ物をして、私は、学校に届けなくてはいけませんでした。マイナス8度くらいで雪も降り、昼間でも、どんよりと薄暗い日でした。

　私は風邪を引いていて、とても調子が悪かったのですが、子供のためと思い、メトロに乗りました。ところが、急に途中の駅で、アナウンスがありました。何を言っているのかわかりません。みんなぞろぞろ降り始めました。初めて降りた駅でした。

　本当に寒くて背中がぞくぞくします。みんなは、そばにいるバスに乗り込んでいます。仕方がないので、私も乗ると、何のアナウンスもなく、何処に行くかもわからず、動き出しました。となりに乗っているおばさんに聞いたのですが、まったくわかりません。今まで見たこともないような町を通り、バスは、止まる気配もありません。

　学校では子供が待っているだろうし、何処で降りたらいいのか...不安で胸がいっぱいです。遠くに日本人学校らしいものが見え、どうしたらいいのかと思いつつ、とにかく降ろしてくださいといいました。運転手はうなずくだけで、一向に止まらず、やっとほかの人たちと降りたときには、学校が何処にあるかもわからず、雪の中を泣きそうになりながら、歩き始めました。やっと人に出会い、日本人学校のことを聞きましたが、発音が悪くて通じなかったようで、無視されました。おそらく40分くらいは、雪の中を歩き回ったと思います。

　寒さは骨身にしみて、その晩、高熱を出してとても苦しみました。こんなことは、

第6章　バイリンガルの書き物と読み物

今でもこれ一回きりです。ベルギーに来て半年でしたが、フランス語をまじめに勉強しなかったことを後悔したものです。そのときの悲しい思いから、ベルギーの人はあまり親切でないし、フランス語は難しすぎるし…といやなことばかり考え、さらに厚い心の壁を作ってしまいました。フランス語に対してアレルギーをもった私はやはり自分の本職である英語を本格的に学びたく、書類をそろえてフラマン語系のブリュッセル大学へ行きました。

　キャンパスは広くて、誰かに事務室はどこか聞こうと思っても、人は一人もいなくてブラックバードが遊んでいるだけでした。その時、後ろから元気な足音がして、赤いジャンパーを着た背の高い女の子が私を追い抜いていきました。2.3メートル行ったところで急にその女の子はにこっと笑ったのです。おそらく見たこともない東洋の小さな女の人が不安そうにしている様子を彼女は瞬時に見抜き、私ににこっと笑いかけた段階で、何か私の助けになればと思い、振り向いたに違いないのです。彼女の愛らしい笑顔を見た瞬間、私の心の厚い壁の一部がガラッとくずれ、自分の心の中にフウッと風が通りました。

　ベルギーの人は少し冷たく苦手だ。フランス語なんて大嫌いと勝手に心の中に壁を作っていた私、はじめての外国で自分自身をガードし、かたい壁を作っている私を一体どのベルギー人が受け入れてくれるでしょうか。彼女の笑顔はそのことを教えてくれるのに充分でした。

　それは言葉の壁ではなかったのです。どんな言葉、何語を使うにしても、心から相手を理解しよう。できることがあれば助けよう。そういう気持ちなくしては言葉は何の意味ももたないのです。大切なことは勝手に作り上げた心の壁を取り払い、相手に対して心をオープンにしておくこと、このことこそがコミュニケーションにおける一番大切なことではないでしょうか。これこそが言葉を使った人間の相互理解ではないでしょうか。

　さて、あなたは、隣の人と話ができますか？
　話そうとしたことがありますか？
　隣の人のことがわかりますか？
　今からでも始めてください。

　しかし、心の壁を取り除くには大変な努力と時間がかかります。なぜなら、壁を取り払うということは他人を完全に受け入れようとすることだからです。それは相手の長所も短所も受け入れることなのです。しかし、どんなに時間がかかっても、心の壁に穴をあけ取り払っておくことは本当に大切です。そうすれば、国は違い、言葉は通じなくても、ほかの人をありのままに受け入れる心の準備ができていることになるからです。

日本はアジアの小国です。それなのに過去の歴史からどういうわけかアメリカ、ヨーロッパに眼が向いています。テレビでもよくアメリカ、ヨーロッパのニュースが放送されています、私はいつも不思議なことだと思います。お隣には、韓国の人、中国の人がいます。過去において日本はこの両国に本当に申し訳ないことをしています。にもかかわらず、日本はこの両国にこそ、本当に心を開き、本当にコミュニケーションを築かなければいけないのに、まだとても充分とは言えません。申し訳ないことです。若い日本の人々はもっと歴史を学び、又、この若い中国の方々にどうかお互いに心の壁を取り払い、国際理解のために努力してほしいと願うばかりです。

　さて、私の今の一番の仕事は日本語のボランティアです。水、土に、15名の若く美しい先生方と教えています。約40名の生徒さんがいます。中国、韓国、ネパール、インド、アフガニスタン、バングラデシュ、多くのフィリピンの人、国はさまざまです。主婦とか、学生とか、明日から仕事をするため日本語がすぐに必要な方々です。幼稚園のようですが、おはよう……から説明します。とても忙しくどの先生方も必死になって準備して頑張っています。私はかつて自分が心の中に作った壁で苦しみましたから。これらの外国からの方々が日本又は日本人に対して心の壁を作らないように一生懸命教えています。大きな生きがいになっています。

　最後にとても楽しく面白かったことを話しましょう。5日前、上海から海口への乗り継ぎのため、第51番ゲートで待っていました。私はかなり疲れていました。その様子を隣に座って飛行機を待っていた中国のおばさんが見て、話しかけてきました。早口で話しかけています。一言もわかりませんでした。私はついにこう言いました。「シェシェ、再見、我愛ニ」。おばさんはびっくりし、さらに早口で話しかけてきました。とうとう私はバックからパスポートと飛行機の切符を見せました。おばさんは「oh、リーペン」と言い、又、ずっと話してくれました。海口についた時、おばさんは私の肩をやさしくたたき、多分こう言ったのだと思います。「とにかくあんた気をつけるんだよ。元気でね」。言葉は一言たりともわかりませんでしたが、私は思わず涙が出てきました。やさしさが身にしみました。

　コミュニケーションとは？大げさなタイトルで誠に気はずかしく思いますが、私が申し上げたいことが皆様に伝わっていることを願っています。

（2007冬、in海南師範大学）

中国語訳文

交流是什么？

大家好！

　住在广岛的我现在为什么会出现在这里——海南呢？我长期在广岛一家YMCA学校的培训班教英语。说是教英语也是死记硬背的那种英语教法，不是教实际当中可应用的那种英语会话。为了能让更多的学生考上广岛或全国有名的高中或大学，我们拼

命地教学生写长长的英语文章，解决他们的英语语法问题。

在广岛，有一个留学生会馆，这个会馆是专门为优秀留学生建设的宿舍。入住的留学生来自30多个国家，共计120人左右，亚洲学生较多。因为留学生会馆的馆长是我丈夫的朋友，所以我作为志愿者来会馆教留学生英语或日语。起先，我教一个李姓的15岁男孩学习英语，每周教一次，主要教他考日本高中的英语。

在安静的留学生会馆，我一心一意在教英语的时候，在距我5米左右的座位上坐着一位头发长长的女性安静地学习着什么。突然，她和我的目光相遇的时候嫣然一笑，我心想，怎么会有如此美丽动人的笑容呢？5分钟之后，留学生会馆接待处人员领着那位女士来到我教英语的桌子旁边。那位女士说："感觉您教英语的方式和我们国家的英语老师是一样的。请您也教我学习英语好吗？"。我听了非常吃惊，不过，被她那动人的笑容所感动，就说："啊，可以啊。"这就是我和你们曹老师的初次邂逅。如果那时曹老师没有和我搭话，我现在绝对不可能出现在这里。你们也许在想，曹老师住在日本这样的国家，似乎很浪漫，很不错。当然这些是有的。但是，还有你们意想不到的辛苦和痛苦也是事实。就以此事作为开端，我想说一说我亲身经历的在国外的一些趣事。

我第一次去国外是1986年，也是第一次住在欧洲的比利时[1]。首都布鲁塞尔是一个非常有生机、很热闹、很漂亮的城市。比利时虽然是一个小国家，但是不可思议的是竟然有三种语言：法语、弗拉芒语[2]（荷兰语方言）和德语。语言就分了三个语种，加上还有很多移民语言，所以在比利时经常会发生语言上的问题。为了减少多语种问题的发生，他们在语言选择方面做了一些思考。采取的主要措施是，在布鲁塞尔不管进哪家店铺，店里都会放一张顾客能看得到的卡片，上面写着"这家店的店员会两种语言，既会讲法语也会讲弗拉芒语。"另外，在警察局和学校都准备了两种语言。我想他们的维持费用一定不低。尽管是个小国，也应该努力为自己的国民做点什么吧。

我到达比利时后的一个傍晚，日本的行李还没有寄到，我发觉糖没有了，于是走进最近的一家小店，是阿拉伯人经营的一家店铺。我用自己擅长的英语讲，请给我sugar（糖）。店员回应了些什么呢，我想那既不是英语也不是法语，恐怕是阿拉伯语吧。尽管如此，想喝上加糖的茶的我还是继续努力，一边说着喝咖啡、喝茶，一边做着加糖的手势，并再一次说了sugar。他们却还是怎么也理解不了。我看到店员似乎有点着急，甚至是焦虑的样子。我突然感到很难受，就放弃了。那种痛苦的感觉在某种程度上已经成了障碍。

在国外的第一天，我就连一块糖都买不到，真是难过，所以对于学习法语也变得胆怯起来。语言太难了，反正我说了他们也听不明白，还是放弃吧。从某种意义上来说，我无意识地给自己的心中筑起了一堵墙，也就是说，擅自任性地在内心筑起了一

---

1 比利时，位于欧洲西部沿海，东与德国接壤，北与荷兰比邻，南与法国交界，东南与卢森堡毗连，西临北海与英国隔海相望。
2 弗拉芒语是比利时荷兰语的旧名称，主要通行于比利时北部。

道"墙壁",即心之壁。

顺便说一句,当时我的孩子在比利时的一所日语学校上小学5年级。孩子一直坐地铁上学。过了半年,记得那是一个非常冷的日子,孩子忘了上学的东西,我不得不送到学校去。那天的气温零下8度左右,天还下着雪,虽然是白天,天空也是阴沉沉的。

偏巧那天我感冒了,身体状况非常不好,但是我想为了孩子,还是要坐地铁去给孩子送东西。然而,地铁走到中途时,播音员突然开始讲话了。播音员在说什么我也听不懂。此时大家开始下车,这是我第一次在这个站下车。

外面真的很冷,冷得我脊背直打战。大家都坐上了旁边的巴士,没办法,我也上了这辆车。车上没有任何播音信息,也不知道这巴士要到哪里去,迷茫之中车已经开始起动了。虽然问了坐在我旁边的阿姨,但是她完全听不懂我在讲什么。此时,巴士经过了至今为止我从未见过的城镇,也没有要停的迹象。

在学校里,孩子还在等着我,在哪里下车呢……我的心中充满了不安。坐在巴士里的我,从远处似乎看到了日语学校的字样,一边想着该怎么办,一边和司机说着无论如何请让我下车的话。司机只是点了点头,没有一点要停下来的意思。好容易等到有其他人下车,我也下了车,但是孩子的学校在哪里,已经不知道了。在雪中我一边流着眼泪,一边开始往前走。半路上终于遇到了一个人,向他打听日语学校的事情,但是因为我的发音不好,他貌似没有听明白,所以没有理我。我想大概40分钟左右吧,我一直在雪中来回走着。

天气寒冷彻骨。那天晚上我发了高烧,非常痛苦。像这样的事至今从未再经历过。来比利时虽然已有半年之久,我很后悔没有认真地去学习法语。因为想起当时的悲伤,又感觉比利时人冷漠,法语又是那么难……想着这些不愉快的事情,就又给自己内心制造了一堵很厚的心墙。对于法语过敏的我开始思考,终于又像学习自己的专业——英语那样,想真正地开始学习法语了,所以我备齐材料去了布鲁塞尔大学弗拉芒语系。

布鲁塞尔大学的校园很宽广。想找个人问一下办公室的所在地,可是连一个人影也没有,只有树上的黑鸟在相互追逐玩耍。就在此时,身后传来了充满朝气的脚步声,一个穿着红色夹克的高个子女孩子超过了我。那女孩超出我二三米时,突然朝我笑了。恐怕是她瞬间瞥见了这个从未谋面的东洋小女人不安的样子吧。她转过身来,希望能帮到我。在我看到她可爱的笑容的一瞬间,我心里的那堵墙的一部分哗啦一声坍塌了。她的笑像一股清风吹拂着我的心。

我不喜欢比利时人的高冷,我讨厌法语,于是我就很任性地在心里筑起了一堵墙,第一次在国外要保护自己云云。那么,对于内心筑起坚固心墙的我,到底还有哪个比利时人会接受我呢?那个女孩的笑容足以告诉我答案。

我认为那不是语言的障碍。不管使用什么语言,都要从心里去理解对方。能做到的事就尽量帮忙做。如果没有这样的心情,语言就没有任何意义了。重要的是,要拆

除自己筑起的内心隔阂,要向对方敞开心扉,这才是交流中最重要的事情。难道这不正是用语言来表达人与人之间的相互理解吗?

那么,你会和旁边的人讲话吗?
你有想要说的话吗?
你了解旁边人的情况吗?
那就请你从此时开始交流吧。

但是,为了消除心中的隔阂,需要我们付出较多时间和较大努力。为什么这么说呢,因为拆除墙壁就得接受他人。既要接受对方的长处,也要接受对方的短处。但是,不管花多少时间,消除心中的隔阂、打开心扉是非常重要的。这样的话,即使国度不同、语言不通,我们也会做好接受别人的心理准备。

日本是亚洲一个面积不大的国家。然而,不知是什么原因,从过去的历史来看,日本一直都关注着美国、欧洲,电视上也经常播放一些美国和欧洲的新闻。我总是觉得很不可思议,邻国还有韩国和中国啊。真的,日本过去对这两个国家都做了非常抱歉的事情。正因为如此,日本更应该面对这两个国家,真正地敞开心扉,建立真正的交流。日本做得还很不够,抱歉!我真心希望日本年轻人能多了解历史,中国年轻人能努力打破心灵的壁垒,互相为国际理解而努力。

那么,我现在最重要的工作就是作为志愿者教外国人学习日语。在每周的星期三和星期六,我们志愿者中有15名年轻漂亮的日语老师在教日语。学日语的学生大约有40名,他们来自中国、韩国、尼泊尔、印度、阿富汗、孟加拉国、菲律宾等国家,其中有主妇、学生和其他需要使用日语的人,即将开始工作的他们马上就需要用到日语。我们像教幼儿园那样,从"早上好"……开始教起。非常忙!不论哪位老师都非常积极,她们努力地准备着教案。由于我自身在国外生活时曾经给自己筑起心墙,经历过痛苦,所以为了不让这些外国朋友与日本或日本人产生心灵上的隔阂,我努力地教他们学习日语。这也成就了我的人生价值。

最后,聊一件既开心又有趣的事。5天前,我从上海转机到海口,在51号登机门等着登机。我确实很累了,坐在我旁边等飞机的一位中国阿姨看到我很累的样子,就跟我搭起话来。但是阿姨说得太快,我一句话也没听懂。随后我这样对她讲:"谢谢,再见,我爱你!"这一讲把阿姨给吓着了,她更加快速地跟我聊了起来。后来,我从包里拿出护照和机票,那位阿姨说了声"噢,日本",接着又一直和我说话。到海口时,那位阿姨轻轻地拍了拍我的肩膀,我猜大概的意思是:"总之要小心啊。多保重!"虽然我一句话都没听懂,但我不由得流下了眼泪,因为我深切地感受到了她的善意。

交流是什么?很抱歉起了这么夸张的标题,但是,我真心希望能把自己的想法传递给在座的各位老师和学生。(2007年冬于海南师范大学)

(本书作者翻译)

本書の作者からの一言

　吉田信子先生との出会いは私が広島市留学生会館に入居してからのことだった。先生と付き合いながら、思いやりの心のある先生だと思っていた。私は日本で留学していた時に、先生に大変お世話になったのである。先生の家で何回も食事をしたことを覚えている。先生は私の家族も招待してくださり、ヒロシ君（うちの息子）に日本語を教えたりしてくださった。先生の海南島での『コミュニケーションとは』という交流会を体験し、私の招待を受けて海南にいらしていただいたわけである。その場で私は通訳をした。交流会の後、先生の講演用の原稿を整理し、最後に、先生に目を通してもらってから学生たちに読んでもらった。その時の先生の言葉を心に刻んだような気がする。先生は、

「曹さん、人と人とのコミュニケーションは何より大切ですから、必ず学生たちに教えてくださいね。心の壁を取り除くために、私たちは何かをやろうと考えるのよ。」

と丁寧に言ってくださった。吉田先生のおかげで、うちの日本語学部には『異文化コミュニケーション』という授業が必修課目として設定され、大学三年生の後期と四年生の前期において一年のコースになっており、大学生は体系的にコミュニケーションとは何かを勉強することができる。この授業は東京武蔵野大学で学位を取り、帰国した若い先生、林明懐が担当している。

　何故、わたしが吉田先生の十年あまり前の交流会の原稿を翻訳したかったのかと聞きたい方がいるかも知れない。一つ目は、『全人教育における作文の技術と実践』という本の出版であり、これは最もいいチャンスだと考えた。二つ目は、もちろん、読者たちのためにもなるためである。さらに、本音を言えば、私の恩返しにもなると思ったからである。こうした姿勢こそ、民間的な国際交流であり、人と人との絆を深めるのであろうと思う。

　広島留学生会館「Hiroshima City International House」は2001年（平成13年）に設立された。広島市南区西荒神町にあり、広島駅から近く、交通の面はとても便利である。広島市留学生会館は、留学生の生活を支援するとともに、留学生相互の交流、留学生と市民との交流など、多様な国際交流および国際協力を推進することを目的としている。その名の通り、留学生を支援する場であり、住居の提供や各種生活サポートを行っている。

　留学生会館の3階から12階までは留学生用の居室であり、単身者用居室は80室で、広さは約19平方メートルであり、家族用居室は20室で、広さは約40平方メートルである。2階は研修室や調理室やホールであり、1階は国際交流のためのスペースである。広々としたラウンジにテーブルが置かれている。留学生は交換留学や私費留学、大学に研究生として来日する方など様々である。入居の可否は、広島市留学生会館居室使用者選考会の審査を経て決定され、結果は文書で本人および学校宛

に通知される。

　しかし、留学生会館は単なる居住施設ではなく、市民ボランティアによる留学生のための日本語教室や、市民を対象とするネイティブによる外国語教室が開催されている。この他にも、広島在住の外国人のための生け花教室、ハラル[1]に配慮した料理教室もあるそうである。私はここでボランティアとして高校生に中国語を教えたことがある。結局、その中国語を学んだ高校生は北京のある大学に留学することになった。

　幸い、2001年4月1日に私は第1陣の入居者としてここに入居することになった。留学生会館の601号室に、10カ月以上住んでいたわけである。ここで異なる文化、背景を持つ人に出会い、国際交流などをたくさん行った。思い出もたくさん残っているわけである。だからこそ、ここで素敵な吉田先生、私の一生忘れられない知性的な女性と出会い、さらに心を込めて人とのコミュニケーションの大切さを深く理解することができたのである。2002年1月に家族が広島にやってきた際、私たちは市民住宅に引っ越していった。（会館の情報：https://i-house-hiroshima.jp/より）

中国語訳文

本书作者寄语

　　我与吉田信子老师相遇，是我入住广岛市留学生会馆之后的事情。和吉田老师的点点滴滴交往之中，我切身感受到吉田老师待人关怀备至、体贴入微。我在日本留学期间，深受老师照顾和关怀，曾多次到吉田老师家中做客、吃饭，老师还热情地款待了我的家人，悉心教小宽（我的儿子）学习日语。吉田老师在海南岛以"交流是什么？"为主题的交流会是受我之邀而来的。当时的交流会由我全程担任翻译。交流会结束后，我试着汇总、整理老师的演讲稿。最后，整理好的内容拜托老师亲自过目确认，之后，也让我的学生阅读过。当时，吉田老师意味深长的一席话深深地刻在我的心头。

　　"小曹啊，人与人之间的交流是至关重要的，这点一定要传达给学生。为了拆掉他们心中自磊的那堵墙，为了消除他们心中不必要的隔阂，我们都要尽微薄之力做点什么啊。"托吉田老师的福，我们日语系开设了"跨文化交际"课程，设定为专业必修课，是大学三年级下学期和四年级上学期修读一年的课程，目的是让学生系统地学习什么是跨文化交流。该课程现由在东京武藏野大学取得硕士学位的年轻教师林明怀讲授。

　　也许有人好奇，为何我要翻译吉田老师十多年前交流会上的演讲稿呢？首先，因为正值《全人教育日语写作技巧与实践》一书出版之际；其次，当然是为使读者受益；

---

[1] ハラルとは、神に従って生きるイスラム教徒（ムスリム）の生活全般に関わる考え方であり、ハラルマーケットは、ムスリムの日々の生活全てに関わる商品やサービスなどの提供を全て含んだ、とても幅の広い市場なのである。www.halal.or.jp/halal より

况且，由衷而言，我认为这是感恩回馈老师最好的方式。正因为如此，我认为民间的国际交流也会加强两国人与人之间的情感纽带。

广岛留学生会馆（Hiroshima City International House）成立于 2001 年（平成 13 年），地处广岛市南区西荒神町，离广岛火车站颇近，交通十分便利。广岛市留学生会馆在给留学生提供生活援助的同时，还致力于推动留学生之间的相互交流、留学生与市民之间的交流等多元化的国际交流与合作。顾名思义，广岛市留学生会馆也是为留学生提供住所和各种生活服务的场所。

留学生会馆的第 3 层至第 12 层是留学生宿舍，单人宿舍有 80 间，每间面积约 19 ㎡；家庭宿舍有 20 间，每间面积约 40 ㎡。在会馆的第 2 层配套有研修室、厨房和大厅，会馆的第 1 层则是为国际交流提供的空间，宽敞的交流区内桌椅摆放整齐有序。来日留学生的身份也多种多样，有交换留学的，有自费留学的，还有赴日读研的，等等。留学生会馆的入住资格需要经过广岛市留学生会馆居室使用者遴选会审查决定，最终的结果以文件的形式通知本人或者留学生所在学校。

但是，留学生会馆并非单纯的居住设施，不仅有市民志愿者为留学生开设的日语培训班，还开设了以当地市民为对象、由母语者授课的外语培训班。此外，还开设了面向住在广岛的外国侨民的插花班、清真料理班。我也曾作为志愿者教一位日本高中生学习汉语，这个高中生最终决定去北京某高校留学。

2001 年 4 月 1 日，我有幸成为留学生会馆的第一批入住者，并在会馆 601 房间住了 10 个多月。在这里，我遇见了不同文化背景的人。这里举行的国际交流活动很多，给我留下了满满的美好回忆。正是在这里，我得以与秀外慧中的吉田老师相识，她知性优雅、才情横溢，让我毕生难忘。更重要的是，她让我深刻地理解了用心与人交流的重要性。之后，2002 年 1 月，我的家人来到广岛，我们就举家搬到了广岛市的市政居民住宅区。（研究生翁艳贞翻译）

广岛留学生会馆（Hiroshima City International House）

付録　語彙力アップ100フレーズ

1. 带着脸色　　　　　　　険(けわ)しい顔(かお)をする
2. 背地里　　　　　　　　こっそり
3. 一肚子委屈　　　　　　不満(ふまん)でいっぱい
4. 暗地欣喜　　　　　　　心(こころ)の底(そこ)で喜(よろこ)ぶ
5. 报团　　　　　　　　　ツアーに申(もう)し込(こ)む
6. 颤巍巍　　　　　　　　よろよろと
7. 冷冷清清　　　　　　　寒々(さむざむ)とした
8. 眼睛酸　　　　　　　　目頭(めがしら)が熱(あつ)くなる
9. 简直是开玩笑　　　　　ふざけた話(はなし)
10. 丢了魂　　　　　　　　魂(たましい)が抜(ぬ)けた
11. 大眼瞪小眼　　　　　　お互(たが)いを見(み)やる
12. 苦捱（ai）　　　　　　にがり切(き)る
13. 想心事　　　　　　　　考(かんが)えを巡(めぐ)らす
14. 有一嘴没一嘴闲聊　　　ぼそぼそと言葉(ことば)を交(か)わす
15. 效益不好　　　　　　　業績(ぎょうせき)が振(ふ)るわない
16. 弥补缺憾　　　　　　　欠落感(けつらくかん)を補(おぎな)う
17. 寄托　　　　　　　　　よりどころ
18. 四处张望　　　　　　　周囲(しゅうい)を見渡(みわた)す
19. 历历在目　　　　　　　ありありと目(め)に浮(う)かぶ
20. 世界坍塌　　　　　　　世界(せかい)が崩(くず)れ去(さ)る
21. 在耳边索饶　　　　　　耳(みみ)に残(のこ)って離(はな)れない
22. 悦耳　　　　　　　　　耳(みみ)に心地(ここち)よい
23. 复明　　　　　　　　　視力(しりょく)が回復(かいふく)する
24. 郁郁葱葱　　　　　　　青々(あおあお)と茂(しげ)る
25. 简易铁皮房　　　　　　簡易(かんい)プレハブ住宅(じゅうたく)
26. 环比　　　　　　　　　前期比(ぜんきひ)
27. 对冲基金　　　　　　　ヘッジファンド

28. 赞助商	スポンサー	
29. 形象大使	イメージキャラクター	
30. 主题馆	テーマ館（かん）	
31. 电热毯	電気毛布（でんきもうふ）	
32. 智能马桶	ウォシュレット	
33. 并购	M&A	
34. 创新	イノベーション	
35. 工龄	勤続年数（きんぞくねんすう）	
36. 工薪阶层	サラリーマン	
37. 工作分享	ワークシェアリング	
38. 钟点工	パートタイム	
39. 外快	臨時収入（りんじしゅうにゅう）	
40. 美食城	美食街（びしょくがい）	
41. 图书城	大型ブックショップ	
42. 金融城	金融街（きんゆうがい）	
43. 家具城	インテリアショップ	
44. 服装城	ファッションモール	
45. 房奴	住宅（じゅうたく）ローンの返済（へんさい）に苦（くる）しんでいる人	
46. 车奴	車のローンや維持（いじ）に追われている人	
47. 卡奴	クレジットカード依存症（いぞんしょう）の人	
48. 孩奴	子供（こども）の召使（めしつか）い状態（じょうたい）と化している親	
49. 菜奴	スーパーの安売（やすう）り時間帯（じかんたい）を狙（ねら）う人達（ひとたち）	
50. 富二代	富裕層（ふゆうそう）の子供	
51. 星二代	芸能界（げいのうかい）や有名人（ゆうめいじん）の子供	
52. 独二代	一人っ子世代（せだい）の二代目（にだいめ）	
53. 裸婚	地味婚（じみこん）	
54. 闪婚	電撃結婚（でんげきけっこん）	
55. 猎婚	婚活（こんかつ）	
56. 闪离	電撃離婚（でんげきりこん）	
57. 试离婚	テスト離婚（りこん）	
58. 汗流浃背	びっしょり汗（あせ）をかく	
59. 咬紧牙关	歯（は）を食（く）い縛（しば）る	

60. 茁壮成长	すくすくと育つ	
61. 岁月静好	歳月が静かでよい	
62. 雇佣仆人	召使いを雇う	
63. 耳熟	よく耳にする	
64. 耳生	聞き覚えがない	
65. 有点脸生	ちょっと見覚えがない	
66. 面熟	顔なじみ	
67. 练摊	露店を出す	
68. 体面	体裁がいい	
69. 税前	税引き前	
70. 分红	利益の分け前	
71. 月光族	貯蓄ゼロ族	
72. 异想天开	奇想天外	
73. 创业元老	創業当初からの社員	
74. 不温不火	ぬるま湯に漬かった状態	
75. 路虎	ランドローバー	
76. 储蓄所	銀行の営業所	
77. 充满向往	憧れを抱く	
78. 麦当劳	マクドナルド	
79. 气派	格好いい／りっぱ／気概	
80. 存折	貯金通帳	
81. 简易棚子	バラック	
82. 汉堡	ハンバーガー	
83. 吃腻了	食べ飽きた	
84. 枝繁叶茂	枝葉を茂らせる	
85. 打理	世話をする	
86. 软磨硬泡	あらゆる手段を行使する	
87. 没有搭理他	相手にしない	
88. 搬迁	移転する	
89. 铁青着脸	怒りに顔を赤くする	
90. 北风肆虐	北風が吹きすさぶ	

付録　語彙力アップ100フレーズ

91.	昏/晕过去	意識(いしき)を失(うしな)う
92.	拘谨	ぎこちない、堅苦(かたくる)しい
93.	惶恐	恐(おそ)れ入(い)る、恐縮(きょうしゅく)する
94.	震慑	震(ふる)え上(あ)がらせる
95.	拒之门外	追(お)い返(かえ)す、門前払(もんぜんばら)い
96.	折腰	腰(こし)を低(ひく)くする
97.	破例	いつになく
98.	寒酸	みすぼらしい、貧乏(びんぼう)くさい
99.	剔牙	つまようじで歯垢(しこう)を取(と)る
100.	人来疯	（こどもが）はしゃぐ

出　典

1. 「私の将来の夢」宮城県経済商工観光部雇用対策課（2015）『みやぎ仕事作文コンクール作品集』宮城県教育長賞中家淳子（大和町立小野小学校6年平成27年）pp10-11
2. イラストのそれぞれの出典 bing.com/images より 2020-2021 閲覧
3. 私の夏休み http://lang-8.com/606701/journals/ 20170820 閲覧
4. ラブレターの出典 https://cn.bing.com/images/search 20200309 閲覧
5. http://nie.fukuishimbun.co.jp/young/detail.php「新年の抱負自分と向き合い強い心を持つぞ」比島千里（工業高校）20170823 閲覧
6. 海南简笔画の出典 https://image.so.com/viewq より 20200401 閲覧
7. 四季简笔画 https://image.so.com/view より 20200313 閲覧
8. 女性の書いたラブレター https://kirari-media.net/posts/1984 より 20200307 閲覧
9. 「留学生の書いたラブレター」吉田妙子編著『たのしい日語作文教室入門篇，南開大学出版社，天津電子出版社 p56
10. 馬渕悟・文，北井リカ・絵（2007）『鶴の恩返し』国際デジタル絵本学会
11. 絵本のイラストの出典 https://cn.bing.com/images/search 20200401 閲覧
12. コロナのイラスト https://cn.bing.com/images/search より 20200328 閲覧
13. 武汉大桥、火神山、雷神山のイラスト https://image.so.com/viewsrc より
14. 護婦イラスト http://sozai.cms.am/search/person/nurse-147.htm より 20210110 閲覧
15. バレンタインデー https://cn.bing.com/images/search より 20200322 閲覧
16. 大学生のイラスト https://irasuto.yenisezondizi.com/uncategorized/ より 20210116 閲覧
17. 日本白色情人节の出典,曹春玲等編著（2014）《读解日本—日本那些事儿》华中科技大学出版社，p191-193
18. 馬頭琴を弾く絵の出典 https://www4.bing.com/images/search 20200619 閲覧
19. 広島留学生会館の写真出典 https://cn.bing.com/images/search 20201208 閲覧
20. 本書 p39 イラストの出典 https://cn.bing.com/images/search 20201216 閲覧

参考文献

1. 皇紀夫（2002）『小原國芳「全人教育論」のレトリック』臨床教育人間学
2. 島田徳子・柴原智代（2008）『国際交流基金日本語教授法シリーズ第14券「教材開発」』国際交流基金、ひつじ書房
3. 吉田妙子編著（2011）『たのしい日語作文教室入門篇』南開大学出版社、天津電子出版社
4. 羽田野洋子・倉八順子著（1995）『日本語の表現技術　読解と作文』古今書院
5. Ｃ＆Ｐ日本語教育・教材研究会編（2015）『絵入り日本語作文入門』専門教育出版
6. Ｃ＆Ｐ日本語教育・教材研究会編（2018）『日本語作文Ⅰ』専門教育出版
7. 曹春玲等著（2016）『日本語で卒論を考える技術と書く技術』華中科技大学出版社
8. 人民中国杂志社（2020/1-12期）《人民中国》中国外文出版发行事务局
9. 大塚勇三作，赤羽末吉絵（1961）『スーホのしろいうま』福音館書店

版权说明：尊重知识产权，版权归属原创作者。有的网络图片或其他素材无从查证出处，如有看到，原创作者烦请联系本书作者（QQ:1036269548），本书作者将如实注明出处。